摩訶毗盧遮那佛

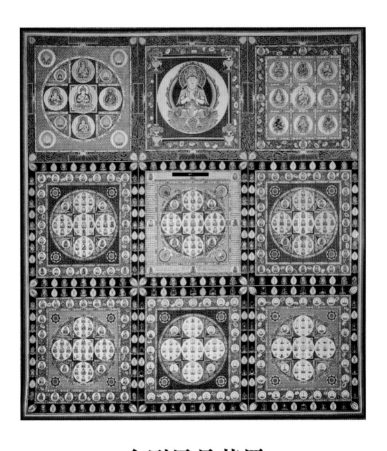

金剛界曼荼羅

胎藏界曼荼羅

日本佛教真言宗高野山派金剛峰寺中院流第五十四世傳法大阿闍梨
中國佛教真言宗五智山光明王寺光明流第一代傳燈大阿闍梨

悟光上師法相

生活禪

序

佛教發源於西竺，滋長於中華，發榮
枝茂，各宗競秀，因朝野崇奉而大放
異彩。

原本佛教，只有顯密二系，至於梁朝
達摩出，禪宗自此興起，樹立教外別
傳，不立文字，直指人心，見性成佛。

據云：達摩來華，持有《楞伽經》二
卷，以作印證之用，至慧能大師，改
用《金剛經》印證，保持釋迦中心思
想。

六祖以後禪師輩出，成為禪宗天下，
可見禪學實為中國文化之產品。

隋唐以來漸入研究時代，宗派奠定基礎，自此互為論難。

禪師有云：「諸宗總為私建，禪宗獨稱公傳，唯我婆迦直下授受」云云。教家難云，此為妄說僻見。

禪宗為達摩西來始興，大智律師之時，異禪居，制規矩，自茲以前，顯密二教外，號教外別傳，梵唐兩國無之。

禪者云，禪宗廿八祖，東土六祖，嫡嫡相承，婆迦直下授受嫡聯，況且《大梵天王問佛決疑經》云：「世尊言，吾有正法眼藏，涅槃妙心，實相無相，微妙法門，不立文字，教外別傳，分付摩訶迦葉」，明證鑿鑿有據。難家

云：禪宗廿八祖，內自迦葉至獅子，付法藏所載，小乘相傳，指《涅槃經》第三云：「諸比丘白佛言，若以法寶，付囑阿難及諸比丘，不得久住，何以故，一切聲聞及大迦葉，悉當無常，如彼老人受他寄物。

是故應以無上佛法，付諸菩薩……如彼壯人受他寄物……

佛讚諸比丘，善哉善哉，應以大乘法，付文殊師利，及諸菩薩，令是法久住於世」云云。

又六波羅密經載，一切佛法分為五藏，初三藏小乘，付阿難等三人，第四顯教大乘付文殊，第五密教付金剛手，所以説，迦葉阿難等相承非大乘。

縱為教外別傳，至師子尊者，付法斷
絕。

藏傳云：相承付法人，於是便絕。

又《大梵天王問佛決疑經》，諸師不
別，傳錄不載，故云後代禪者，自錄
中引此文謀說，不足取云云。

禪者云，師子尊者付法斷絕者，並非
禪宗所存，《傳燈錄》等入藏流行，彼
錄亦示，師子以法付婆舍斯多，何況
契嵩明教《傳法正宗論》，引《達摩禪
經》，並僧祐《出三藏記集》，以破付
法藏所示。

師子婆舍授受不絕，何依藏傳謬說？
難家云：此事異朝之諍。子肪加難詰，

契嵩墮負處，捨要示之，先以《達摩禪經》者止訛（子昉撰）云：契嵩立廿八祖，妄據禪經，熒惑天下，行付法藏為書謬，此由唐智炬非《寶林傳》。

因禪經有九人，其第八名達摩多羅，第九名不若密多，智炬見達摩二字，語音相近，遂改為達摩而增菩提二字，移居般若多羅之後，又取他處二名，婆舍斯多，不若密多，以繼廿四人，總共廿八人。

炬妄陳於前，嵩謬附於後，瀆亂正教，瑕玷禪宗。

此中加難有二：一達摩多羅，不若密多，師資反倒難。

二婆舍斯多，不若密多，全缺二名難，智炬契嵩，恣亂八九前後，猥加他處二名，自號經說。

又《傳法正宗論》云：造禪經達摩廿五歲，乃至義熙七、八年佛馱跋多羅譯此經云云。

《傳燈錄》，宋孝武帝大明元年，達摩年七十二，而受般若多羅付法。

志盤云：西魏文帝大統元年，菩提達摩遷化。

碑銘云：厥壽一百五十歲，依此等算之，達摩廿五歲造禪經，至義熙七年，覺賢翻之，達摩年九十六，未受般若多羅付法之前。隨而此經兩卷

十七品，上卷説心念處等十六行相，下卷明不淨觀乃至十二因緣觀，一部所説皆是小乘觀。

止訛云：炬嵩既無教眼，纔見禪字認為己宗，是則反貶梁朝達摩，但傳小乘禪法，厚誣先賢。次至《出三藏記集》，先出嵩釋，次破之，《傳法正宗論》第十一（契嵩撰）云，隋唐以來達摩之宗大振，而義學者疑之，頗執《付法藏傳》以相發難。

謂傳所列，但廿四世，至師子祖而已，以達摩所承者，非出師子祖，其所謂廿八祖者，蓋後人曲説。

禪者引《寶林傳》證之，然《寶林傳》亦禪者之書，而難家亦不取，如此累世無以驗正。

後來難者不取輒論，會於南屏藏中，有古書號《出三藏記集》，凡有十五卷，乃梁高僧，僧祐所為，其篇云：薩婆多部相承目錄記，從而推之，有曰婆羅多羅者，與廿五祖婆舍斯多之同人異名，（其義見於本傳），有曰佛若密多者，與廿六祖不若密多同人，有曰不若多羅與廿七祖般若多羅同名，有曰達摩多羅與廿八祖，菩提達摩，法俗合名（其義見於本傳）。

以此驗之，師子比丘雖死，而其法果有所傳，婆舍而下四祖，其相承不謬。《傳燈錄》所載有據云；斥祐之書，存乎大藏周天下幾百年，而未如其所發。

止訛破之云：又據僧祐《出三藏記集》，傳律相承五十三人，最後名，達摩多羅，而取名為梁朝達摩，指僧祐所記載，乃是小乘律人，炬嵩既尊禪為大乘，何得反用小乘律人為祖。

此意薩婆多部，小乘二十部之一，為何引之為禪法相承之證。

次《出三藏記集》第十二所列五十三人，未列五祖文，佛若密多第四十九，婆羅多羅第五十，不若多羅第五十一，佛馱先第五十二，達摩多羅菩薩第五十三。

難家云：廿五、六、七祖，師資違此文。達摩是般若多難之弟子，此記達摩為佛馱先之弟子。

菩提達摩此號，達摩多羅，法俗合名者。

《傳燈錄》所載；達摩本名菩提多羅，後名菩提達摩，此外未出達摩名，何恣為梁朝達摩云。又《出三藏記集》第三，薩婆多部者，梁言一切有，昔大迦葉俱持法藏，次傳阿難，至第四祖優婆堀，本有八十頌，優婆堀以後世根鈍，不能俱授故刪為十頌。

自茲以下師資相傳五十餘人，至秦弘始之中，有罽賓沙門佛若多羅，誦彼十頌胡本。按《貞元錄》第六，沙門佛若多羅，以後弘始六年甲辰十月十七日，誦彼十頌梵本，羅什譯為秦文，弘始翻譯之前，相傳及五十餘人，達摩為五十三，而弘始六年，梁朝達摩

十九歲，未受般若多羅付法，凡師資五十三人，不合禪宗廿八祖，同名異人例不足言。

以名字相似，契嵩加暗推，多有相違，以難禪宗付法斷絕，為達摩私建。又云，彼《付法藏傳》者，沙門釋曇曜，以後魏和平三年壬寅，於此台石窟集諸德僧與天竺沙門，吉迦夜共譯，貞觀開元等錄載之。

智者，吉藏等師引之，一朝祖匠自昔不疑，嵩判為謬書。《傳燈錄》者，大唐景德元年（西一〇〇四）宋道源所撰，當本朝，一條院，寬弘五年以之為指南，還疑藏傳流派志源云：夷書曰三論云：有訶梨跋摩上足弟子，序其宗曰，「文」《中論》序僧叡疏，龍樹

引《付法藏傳》，《百論》序僧肇疏，無著天親引《付法藏傳》云云：此難均見於藏經中，有人曰，釋迦衣缽付於迦葉，迦葉入定雞足，待彌勒出世，即將衣缽付與，東土六祖所襲衣缽，豈是釋迦原物，若是原物，何不迎出，建寺奉安，給人朝禮聖跡，可見諍論百出，不學佛教正法，爭執是非。

不論禪宗是公傳或私建，確有佛陀的中心思想。

達摩渡海入梁，帝問：如何是聖號第一義？達摩云：廓然無聖。而後引起時人，以老莊思想合解，成為老莊佛教，崇尚無為，為世無聖人。

秦王為此命僧肇作論破之云：若無聖人，知無者誰。後又與易學王陽明思想合流，都尚無為之學，以至明末漢月藏出，多有發揮，其法嗣湛愚作《權書》、《心燈錄》，繼其法脈，為雍正所忌，御撰語錄，力斥其非，並勒為禁書。

六祖以下禪匠輩出，各有發揮，其禪學文章，如《碧巖集》、《法寶壇經》、《證道歌》、《參同契》、《指月錄》、《種電抄》、《東林抄》、《黑漆桶》、《舐犢抄》、皆是禪思想之傑作。

《碧巖集》一書，宋雪竇重顯禪師撰述歷代公案之大成，付於本則及頌，後由圜悟禪師於澧州夾山靈泉院碧巖

室，付重示及評唱，集在一起，名為
《碧巖集》。

後來圜悟弟子，大慧宗杲，恐宗門被
文字所拘，付之以火，自此二百餘年
不見其書，至以元大德年間，張明
遠，多方錄集，竟成宗門第一書。

日本曹洞宗開祖承陽大師入宋，一見
甚愛，臨別前一夜，借神手抄寫持回
扶桑，又後來因是書為出臨濟弟子，
為臨濟專用，於是宏智，萬松繼作《從
容錄》，為曹洞之看話禪。

自古一千七百公案，皆為禪者之借
鏡，時人不知大乘經典，皆出於龍樹
時代，而互論難，實大乘出於小乘，
是佛之思想，小乘為大乘母胎，是佛

之機教，事理不能透視，執理執事，閻王之判罪因果，與佛教因果雖異，但教理均以事闡理，執是執非。不論如何信者得救，問其知者謂何，皆是杜口無言，若言而肯定，即教不流行，只有明眼人，可會佛教於禪。

解脫雖一，大小各乘，趣向各異，但豈可不知禪是否定自私，而肯定大同的積極救世精神，故此多插一嘴，為有趣此道者，作一鼓勵歟。

目錄

前言

生是生存，活是活動，即是吾人日常的生活。像生龍變化自如，似活虎活潑無畏。

禪即是其生活，自在無礙的境界。

這是自己體驗與實踐的心理狀態。

不知禪的生活，即日夜多憂，煩惱百出，沒有一時安心。

因為人類及其他動物，皆有執著得失之觀念，所畏莫過於老病死，世間最靈者是人類，其欲望亦無限，甚至征服太空，侵入星球，控制宇宙。

若是下等動物，只知得失苦樂，比起人類，思想較少，所以沒有宗教之需要。

世間宗教，乃是適應人類而存在，是要人類了解宇宙真理，所謂大自然之法則，而活用之，得到安身立命之教訓。

所以宗教與人類，乃共存不滅者，是以人類不可無宗教之信仰。

人類若無宗教，則生活空虛，等於其他動物，何能貴為萬物之靈？宗教之目的，乃使吾人處於世事之變幻中，能息其恐怖，得到安心而已。

其境界如何，只用禪之一字來表達之，不論信仰神之救濟，或信自力之拔度，皆是徹底安心為指歸，趣生死不喜不懼，方稱為之大安心，禪即大安心之別稱也。

若無真正徹底的悟了宇宙真理，而空信無稽之談，到了臨終時候，難免狐疑，信心搖動，則不算是徹底的大安心了。

所以日常的生活當中，要做到生死一如，精神的內在，徹底的一大轉向，經過一番的大否定，以後再大肯定起來，作為生活之準繩，人生之常軌，所以禪是精神生活之資糧，御敵之寶壘也。

太空流浪人是作者之外號，不知其何許人也。

其人心神浪蕩，絕無定力，似雲流浪太空，故曰太空流浪人。有人問他幾歲？答：一歲！問云：雙鬢如霜，豈只一歲。答：與彌陀同歲！問云：你在空間往來，有沒有什麼發現？答：無之！只見一片光明而已。問他名字？答：無名！不得已故假名悟光。

杜撰：古時有箇名杜默的人，作了很多詩詞歌賦，皆不合律，時人認為不長之作，沒有絲毫價值，故不合組織，無價值之作物，均號杜撰。

至於禪，本言語道斷，心行處滅，豈有文字？達摩渡華，以不立文字，教

外別傳，直指人心，見性成佛，樹立宗門，一枝獨秀，傳佛心印，以至五葉盛開，雖以經教為印證，而不用經教，豈容插嘴弄筆。

時屆末法，慾海狂流，與物質文明，競技不息，豈能心遊大道？

可是有人不知，生活即道，其中或有趣於斯道者，多以靜坐為禪。

靜坐是手段，不是禪！若不頓悟真理，終日枯坐亦是枉然。

現在禪的專家很少，欲問之亦無處可問；亦不知其知道者誰？只由言教中去摸索，乃唯一的方法而已。

心由口傳，教由言興，但是言教是一種概念。

以言教為指，因指見月，見月捨指，不可執指為月，達到直覺方為適當。

直覺即是義，文字乃口頭之表達。禪不在文字，會之者，讀此以後，則知此作，可不是杜撰嗎？

禪的生活，似鳥行空，魚躍大海，無拘無束，擬議即錯，動念即乖，作者喜歡學禪的生活，所以想寫就寫想說就說，不管組織與美醜，而逞文章，應該要有組織，君臣主賓，起轉承結，方為正軌。

但在禪的生活上，有點不許，禪不在美醜的觀念上建立，依各人之見地各別，美自其美，醜自聽其醜，作者毫不干涉，依義不依文，依法不依人，作意如此。

壹、禪的宇宙觀與人生觀

禪乃諸法之本體，宇宙身心之總匯

「禪」即是一種直證，諸法當體的根源之學問。

亦是宇（空間）宙（時間）身（物質）心（精神動力）總匯（源頭或總和）的直覺（義）之假名詞。

禪雖是一種象徵假名，但是一種學問。

學問的意思，不是讀了人家的書，就當做是學問，學問是一種經驗。

他人之經驗是他人的學問，自己的學問是自己的經驗，兩不相干，自己要有學問，要由自己親自去體驗。

禪的體驗，即是自己的真正學問，這種學問，不能提供給他人，各人之禪的體驗，即是各人的自內證。

如他人吃飯，不能充我飢，飢餓自感，冷暖自知，即是禪的意義。

「諸法」乃是一種萬物，森羅萬象，世間所有，動物、植物、礦物、音聲、色彩、感情、動作、心所法等，無不包括。「本體」有二義，一是其根源，二是其總和當體。

「宇宙」即是世界，宇是界乃橫的空間，宙是世乃直的時間。

「身」即是現象物質，「心」即是精神動力。「總匯」是指總納的直覺狀態。

所以禪是諸法之本體，無一物中，有萬象的透視境界。

有人以為禪是住於真如，無一物且一無所覺的狀態，但怎樣可以萬象的有物，同觀為禪呢？這是差別與平等齊觀，而中道亦不立的心理狀態。

因為諸法由其真如自性，假因緣而生滅，遷變不息，其現象諸法，吾人見之雖然似有，其內容卻時時不斷地代謝，其代謝遷變微細，人皆不知。

現象的生命流，能在不斷的遷變中，集在一起，成為一體積，除空中的雲霧是因緣幻景外，物質皆有業力所牽。

由業因緣而果，其構造力，即稱為業，是一種動力。動物人類看來，業由自心所造，這種動力不是動物才有，一切諸法皆有，都是真如自性之力。

人類業力在生活中，因緣善，即成為善之生命流，因緣惡，即成為惡之生命流。

時時緣、時時現、時時緣、時時變，一期的生命流的相續狀態，如燈焰，如瀑布，如川流不息。

初雖惡後緣善，現善相，初雖善後緣惡，現惡相；善惡之相無自性，故能繼往開來。

現是眼前相，善惡之相，依時間而遷移，吾人雖繼前世的惡因現苦相，亦可時時作善，開拓未來幸福，時時緣惡即創造後來苦果。

已往之業，不是滅，人皆眼前看不到謂之滅，其實所作善惡諸業，都是停於生起之時間上，只是與時間遷移眼前而已。

若由現象上看來，其法若有應不滅，其法若無應不起，這是世間迷界的矛盾。若由自性本體看來，現象是過程，不滅是業力。

業力是心，心能緣故現過去未來現在諸法，在吾人的心所中顯現，是我人的妄執所緣，諸法待緣而顯，現在諸法待緣而滅，一切皆待心所緣，若不如此，已往之法不能憶起，因為心憶起故有果報。這種微妙動力，即是自性本體之功能，亦是諸法之本源。

其功不能使其滅掉，是世間諸法之共有物，它是一種自然律。

人類肉體構造特別殊勝，承此功能與諸法，同在生滅代謝外，還有思想亦特別靈敏。

所以比起其他動物，苦樂感受更多，否則即不成為萬物之靈長。

這種功能所幻的知覺，若將其滅絕，即與草木礦石無異，苦樂雖異，根本只是本性。

若體悟了這本性，應用施為，轉苦為樂，即是禪的特色，我們所謂見性。這種本性妙體，不可見聞，所以無法表示，亦是不可思議。

佛陀本身已體證，但是不能說，因為悲念眾生故強說，依象徵式，假名立義，將其本性，或曰真如，或曰圓覺，或曰佛，或曰如來，或曰本來面目，或曰道，或曰自性，或曰心王，或曰唯識，或一真，或曰禪。

神教家稱為上帝或神。名目雖多，無非是指這不知名的東西。

這種本性遍滿虛空，是一個真實的存在，我們所謂禪即是這箇，在理論上名為一真。諸法是它的幻變故，一真即法界，法界即一真，在禪的立場上，曰一真法界。不是一真生法界，亦不是法界生一真，是真如本性的內容，自然的法則，本具妙心之功德。這本具妙心，諸法當體即是，非二物也。

吾人身心亦不能例外，是諸法當體之真理故，萬物之所宗，佛教之肝腦，諸經之所匯，為禪之當體。

由真如上觀察，不可識知，由一真法界看，無所處而無所不處，無相而無所不相，無知而無所不知，無見而無所不見，無聞而無所不聞。

吾人若只看，真如凝然不作一法，或只看現象的一端，成為非有則無，非無則有。

由禪的立場看，即是直覺透視，有無齊觀，中道亦不立，這是真心妙明體，其有無等相，及能觀的本覺觀念，都無存在，所以不是想像上的分別心。

經云：「若以色見我，以音聲求我，是人行邪道，不能見如來」。

我與如來同義，是指自性而言的。見是知識見解之謂，若是用了妄心的知見，去找自性，自性當體即變為知見妄心，如水成冰，水之本來面目就失了。

吾人起了妄心，知見現象，不知現象當體是自性所幻，所以由妄心業力，自造苦具，自苦其身，化成苦海自溺，不能自拔。

如藝人自飾角色，終不覺自己是藝人，演戲不停，甚至輪刀行走街上，豈不是變成狂人，給旁觀者笑死！吾人已不知是人生舞台，起了妄心生死想，輪迴相現，六道升沉，苦樂殊分，歷萬劫而不息。

藝人自知是假戲真做，台上戰鬥生死不懼，吾人在世若知斯理，有何生死可怕，悟者不起於座，即心成佛了。迷悟差別，皆是一真的內容，聖凡懸殊，人皆平等。

張拙秀才《悟道詩》云：「光明寂照遍河沙，凡聖含靈共一家」，這箇透視真理的心理狀態曰直覺，真假一如不要妄心分別，假名曰禪。

是於日常生活上，行住坐臥，要有覺力，去應酬施為，即成為生活禪。

若不如此，離開現象，去找覓佛法，即了不可得。首楞嚴大定即是這箇，《圓覺經》之奢摩他、禪那、三摩缽提，三法兼修，即是這箇。方便雖多，究竟會歸生活禪。

聽了善知識說法，或看經書，了解一真法界道理，於生活上起覺力觀行，即是奢摩他。直覺諸法當體，有無二邊俱遣，中道不立，攝用歸體曰禪

那。不離當相的正覺上,由體發用,去應酬施為救濟工作,即是三摩缽提。三法兼修為最勝,乃大菩薩之所修,是消極中之大積極,視生死一如,動靜不二,自他一體,依正不二,身心一物,諸法一真,是大否定之大肯定,是佛教之特色,是獅子非野干所能及,是宇宙大真理,迷悟雖異,無一物能逃出此自性之範圍者也。

功德具備,豈容修飾

「功德」是自性之本能,萬物由其顯現,但是隻手無聲,聲待二法相奏。

法不自生,由因緣湊合而顯,因緣各殊故,其果千差萬別,其湊合隱力,即是功德。

若無功德，因不能緣而成果。其微妙功德，充滿宇宙，吾人是宇宙之內容的一部份，其功德完全俱備，因妄動故，功德力變為業力，其實善與惡，皆是業，是趣向不同而已，都是一真自性功德所變，是吾人之自心本有功德。

心法由心緣所顯，諸法萬物亦各有其功德故能顯，由因緣而生滅，皆歸功德之內容，功德乃自性之異名。

自性遍一切處，無量無邊，故功德亦「具備」無量無邊。

因為真如不守自性，故隨緣而生萬物，萬物當體不缺故「具備」，因此故萬物能生化不息。一切萬物其生化

之所需條件，不必他取亦曰具備。比喻在同一地方，種了不同果樹，應其所需，供應無缺。柑桔之果味所需成分，與枇杷所需成分，雖異而同一地方隨便取得。

吾人所需之空氣，到處都有，不必由家中帶去，亦不必由他方取來，若需由他方帶去，即是某某處之因緣條件為礙，其功德是應其生活範圍具備的。

如魚不是陸上生活，人不是水中生活，即是因緣條件為礙，不是水中無空氣，陸上無水分。

人類可以運用其功德，補其障礙缺點。動物及人類，由父母精血，因業而緣成卵，由其必需條件供應，無有

過餘不及。由其功德熱能孵化，顯目耳鼻、口舌內臟、四肢皮毛，不假人力，自然成就，「豈容」人工加以「修飾」呢？擬將人類頭上，長了一支角，飾之不得，牛的頭上不給牠生角修之不得。

如果萬物可以修飾，其人不成人，牛不成牛，物不成物，變成怪物。人類所加工之物，皆是怪物，不是自然物。

因人類喜歡怪物，所穿的衣服，亦變成花紅柳綠，甚至亦有印了禽獸，伴其睡覺。

怪物是人心所造，人心怪故物變怪，吾人不知怪，自成怪物，作怪生活。

其當體功德，因隨其需要供應無缺。

但是它的功德有規律，不得強為控制修飾，擬要修飾其不死，卻做不到，只能利用其自然理則而已。

吾們擬將地球之旋轉，加以控制停住，豈可能為？雖然慈悲一視同仁，亦是獨裁者，但這是法律，不可侵犯，順法則生，逆法則死。

人類因背道而馳，故得罪於上帝，墜入地獄，效祂的信條，即升天堂。祂有信，四時代謝，春夏秋冬，氣節不紊，善信之萬物生長，否即摧殘，這是上帝的傑作。

其實是自己違背理則，所造成之結果，因為上帝與我同在，吾人萬物皆是上帝假面。

上帝即我人之心，吾人心似鬼，上帝變成魔鬼，吾人之心似佛，上帝成佛，吾人不是上帝之奴役，上帝即是我人當體，離了我心去覓上帝，了不可得。

這種萬能功德，具備吾人一身，善用之能駕火箭，來往地球，惡用之製造毒藥武器，戮害生命。由我人應用有別，利害殊分，功德本身毫不干涉。

由此可知本性功德具備，萬物即功德當體之現象，現象無量，功德亦無量，諸法無邊，功德亦無邊，是自然的法律故，不容修飾者也。

貳、禪的因緣觀與果報觀

凡見去來，聖見不遷。法住法位，法無去來。

法是所顯之現象，是吾人所知道的，有形、無形、音聲、感情、影迹諸法由因緣生，因緣滅的過程中，現起謂之生來，滅謂之死去，因何「法住法位，法無去來」呢？這是吾人不知道，法的內容所在。

一般都在現象中看其生滅，故有去來生死的觀念。

或只知因緣所生法性空，一無所有，偶而感苦，自暴自棄，這些人不但消極，亦不知因果法則。

我們試論之：真如未生現象的時候，亦稱為常住，現象因緣滅之還歸本體，亦稱常住，因為真如不滅故。

但是真如由業力活動故，不守自性，隨緣而生萬物，不是凝然不作一法，不斷地活動故造化不斷，由水因風緣而成波，因離風緣而還水，水比真如，波如現象，凡夫看來似有生滅去來，其實本體一點都無去來。

再由時間上去考察，昨日之事已去，今天之事已來，究竟實無去來因為昔住昔，今住今，昔不來今，今不往昔，法住法位，位置不移。

若果有去來，昔日的容貌，可以拉到現在來，現在的事物，可以拉到往昔去。所以昔住昔，今住今，法無去來。

經中有說：有箇梵志，早年隨佛出家，老來一次回鄉，鄉人見之說道：昔人還在今回來了！梵志說：我似昔人，猶不是昔人，因為昔人住於昔時，現在住於現在。

如溪流上，流一木板，到了我們的前面來，謂之來，流過面前，謂之去，這是吾人，有身見我見的觀念，故有去來的見解，其實自始至終，伴住當時，相緣之本位一點不移。

水之流動喻時間，木板喻法，人見有遷，即是人所見的客觀。若果人坐於板上，即見岸遷，人水板俱不遷了。如人坐於飛機車船，即見境遷岸移，人在機車船內一點不遷。又太陽喻人，地球喻時，球上諸物喻法，地球雖轉其法不遷，太陽看來有遷。

又吾人看到太陽，東升西沒有去來，其實太陽並無去來，這是時間上的觀念。可是吾人以為時間有遷移，是正確的觀念，其實時間亦無遷移。

因為時間如環無端，自古至今一直沒有間斷，吾人若在地球外住著的話，沒有地球與太陽相比較，即無晝夜，豈有時間的遷移可言，吾人之心理觀念矛盾如此，所以諸法不但不遷，時

間亦不遷,有無去來生死三際,了不可得,只是本性之內容。

凡夫只知其二,不知其一,知其一而不知其二,故云「凡見去來,聖見不遷」。這是宇宙觀。

但是吾人的精神內觀如何?這如電影底片一樣,時時所攝鏡頭,都住其位置,放之即有去來,去者不可返,現在不可住,未來不得見,人見有去來,其底片鏡頭一點不移,再映之可以重現,昔住昔位,人之諸法底片即是種子識,不滅又不遷,諸法皆如此。

若不如是,何能重憶往事,重憶者心緣也。這是變中之不變,不變隨緣,隨緣不變,因果歷然之道理。

宇宙諸法與我人心所，諸法相同，其實皆是我心的內容，我心即是諸法之總匯，是含藏識也。

不知諸法不遷之理，即是昔住昔，今住今者，世間變成空洞，成為頑空，若不透此，不能算是了解因果律，學禪的人們不可忽視，注意思之！

不遷即遷，是無常義。

吾人凡夫，執著人我之見，不知實相，將不遷之法見為遷。

遷乃是一種時空觀念，時空之遷變，是自然活動的常律，其活動常律，即是無常。

無常是常的內容，因為無常無止境，
永遠不靜止，故即是常。

常在活動故，萬物能隱顯生滅不斷，
而時時代謝，由小而大，幼而老，有
而無，愚而賢，凡而聖，皆是無常之
恩賜，無常即是功德也。

無常即是活動的別名，諸法若是像
鐵丸一樣，吾人亦不能動作，成為死
物，豈能自由，自由是萬物之生活權。

因為無常故性空，性空故自由變幻
無自性，無自性故不能持住，去而不
還，不還即是法住法位，遷乃是無常
活動，故云不遷即遷，遷即是無常之
意思，無常、時間、活動，皆同物之

異名，由真如本體上，看來只是本性
之內容而已。

吾人若不能透視這些道理，即有時
間、常、無常，等等的客觀上，生起
恐怖了。

若能由直覺（依義）當體去透視，即可
隨處作主，一切無非是自己份內事，
皆是自心之功德，離心諸法了不可得
也。

無常如人呼吸，一往一來，如環無端
週而復始，空氣似有出入，其實不出
不入。

吾人之心如呼吸，前念滅後念生，其實只是當下一念。前念已去謂過去心，現在之心即將遷去，未來之心未至，三際持而不住，現在追憶過去的事項，以為是得了過去心，其實不然，這如吾人立於剛到的位置，反觀遠眺過去之境一樣，其所顯的心相，亦是現在一念。

現在的心不得永住，若果可住，即不會生起後念。

所以經云：「過去心不可得，現在心不可得，未來心不可得」，所生之心是應無所住而生的，故云：「應無所住而生其心。」過去之境的重現在心內，即是應無所住的現在心所緣，心能緣故現，執著為因，緣而後有，

故生煩惱，既知此理，吾們不要有煩惱罣礙，就不要有妄心執著去緣，心若發而即中斷，或應無所住生心去應酬，事來即應，事去勿留，而絕了緣，即心無所住，心內無一法存在，就像真空一樣，清淨無染了。六祖大師云：「本來無一物，何處惹塵埃」。

他悟了應無所住生心而得道，良有深意在此。

古德云：「不執萬物，念念正念相續，心剎那不住」，正念即是無有妄緣之念，有緣有執故生心之所以也。

吾人不知道覺察故，起種種法，若覺力常存，念念是覺，念念即佛了。

念念相續遷流無常，故佛的內容亦無常，若果是常，釋迦如來不能說法，肉身亦不滅，豈不成了石頭一樣？

由本體上看來，佛是常，常與無常同義，所以無常是常之內容，常是無常之當體。聖人不見常，不見無常，有無齊觀，而能觀的中道亦不立。

若了知三心根本不去來，而自去自來，遷變無常的道理，何必強取過去、現在、未來事情操心呢？

是即應無所住生心去應酬，施為救濟工作就行了。若果執著去緣三心，其法亦不能拉回來，故不可去取得，取得之心成為現在的妄心，豈不是多餘的麻煩，其煩惱即成果報。

修習禪觀的人，似鳥行空不留迹，雲過天清，船過水無痕，追之何用？不取不捨之心曰平常心，平常心是道，起居動作，舉手投足，皆從道場來，至所遷不遷皆是心的內容，是無常的狀態，吾們不去管他，只是知道就夠了。

法本無生，理自冥冥，真假明暗，長短前後，色心染淨，有無相傾，因果各別，其理一真。

法本不生者，如水成波，不是生，是變相。

變成的諸法吾人曰生，是假因緣而生的。

但是水與波雖然一味，水是水，波是波，其相不同。

真是假之源，卻真是真，假是假，真是真如，假是諸法，諸法還是藉因緣而幻成。

明暗同一地方，因物緣光顯明，因物緣光滅成暗，其物不二，但是明暗各別。長由短緣短積成，長若尺，短若寸，寸緣寸而成尺，可是尺是尺，寸是寸，尺不成寸，尺若能成寸，尺可縮短，寸亦能抽伸。

前緣後而有，後緣前而立名，若不相緣相謝，豈有前後，但是前是前，後是後。色緣心顯，心緣色生，雖是一心，又心是心，色是色。

染緣淨現，淨緣染去，無染不見淨，其處是一，染淨殊分。有待無生，無待有滅，當處不二，而有是有，無是無。

因緣因成果，因是因，果是果。皆俱而不俱。如往一目的地，起點為因，步行為緣。步步之因相緣，終到果地，果地不是因地，因地不能拉來果地，果地不能拉去因地，果住果地，因住因地。

無因不成果，無果因不立，皆俱而不俱也。又如種子為因，人工為緣，空氣、肥土、水分、為增上緣，而成木為果、木是木、種子是種子、木中找其種子不可得，原來的種子中覓木不可得。

雖然一俱的內容因果各別，因緣是法，法住法位，如東西南北隅是人的認識，若無認識，假名不立，若任汝到了太空，南是南，北是北，其名雖假，其理依然，若非此太空人無法行與地球往來，航行海上不知方向，故曰理自冥冥，乃是其理則微妙，若無慧眼看不到之意。

復次，由因緣而感果者，全仗緣之力量，人之緣力是心，物之緣力是宇宙心，既作之因不會滅，雖歷萬古而不休，心緣之能感果，不緣果不現。由果上看來，能緣之心即是因、法法又是因，因緣因而總和為果，果還成未來之因。

人類心法上看，由人之業力無明為因，而感果報，曰業感緣起。

由心王含藏之過去果為識因，而緣心所諸法感果曰賴耶緣起。由法界諸法各因，互緣而成現象之相果，曰法界緣起。

由宇宙間六大元素為因，互緣而成萬物，曰六大緣起等等，在論調上依角度看法不同，都是一真自性之內容。

在禪的立場上，不管如何是與非，只認一心而已。過去現在未來諸法，如電影底片，底片為業因，吾人之心是緣因，妄想住著是果因，有必要時，緣之亦無妨，能緣之心是現在心，若知之不住著就不要緊了。

所以能在因果中而轉因果，不是無因果。六祖説：「悟即轉法華，迷即法華轉」。

臨濟一日陞座次，野狐化人問云：大修行人還落因果否？臨濟云：不昧因果。野狐云：牠昔為此山主，有人問牠此事，答以不落因果？故墮五百世野狐身。這是不知因果內容，成了撥無因果論。應該是可以答成「不落亦不昧」，比較適當？

有人疑問：大修行人還會落因果，何必修行？這乃是如上述能轉因果，與被因果轉之關係。因果不滅乃是過去已成之果法，法住法位之謂。

修小乘的行人，未證實相，未到身心都滅盡的生存中，因為怕因果，有時恐怖偶而生心，就感果報，他們主張定業不可轉。經云：罪性本空由心造、心若滅時罪亦亡，這都全指心的構成內容。

如人早備毒藥擬以自殺為因、未經心緣服毒手段，毒置於別處，時間已遷不感殺身之果，若心重緣生起殺機為因，緣服毒手段取毒服之，即現殺身之果，初因住於因位，藥自藥、人自人，三物不毀，心不緣果不成。過去之果成現在因，現在果成未來因，各個皆依角度不同而立名。

如果有人想起以發電手段為因，即成電流之果，電流之果，成動力之因，

電線為緣因，電泡為發光因，互緣成光之果，成光之為因，果變電流歸空之果，空中電氣為因，緣手段再成電力之果。

皆是藉緣力量，吾人若加以絕緣，即果不成。由宇宙全體上看來，是循環性的，人們之緣是無明動力，善用而緣之有什麼不可呢？修禪的立場只是用之即緣，不用就絕緣的手段而已。

運用自如、審而後用，緣以救濟，成無邊功德，緣以作惡，罪報難逃，在善用的工作完畢，亦要絕緣，否則功德減少，如電用於甲方，用完不絕緣，即成空轉車輪，當時乙方丙方並用，等於分心、電力減少。

因為功德是我人心靈內容。所以永嘉大師云：「住相布施，生天福」，功德有限。心如虛空即體證虛空，虛空無邊，功德無邊，用之專注一處，即力量無限，亦云大機大用。其主動力即是一真的內容，若明於此，其修禪手段，不得自得了。

所以古人云：悟了道，因果益明，駕因果自如，因果當體亦是道也，豈能離此因果律麼？

實相無別，是諸法差別相，
諸法差別，是佛無邊功德。

一真自性的內容非常複雜，其主體是永遠的實在，故曰實相，在真如上看，沒有相狀，相是假因緣幻成的。

由我人心所法去看，妄念未生的時候，去看萬相，無相中有差別相，心若不住著，似鏡不留痕，即心無相，住著即有心相。

真如本分上而言，覺世間、眾生世間、器世間，三種世間之相，皆是真如本體的無常狀態。《維摩經》云：「從無生本，立一切法」。

一切諸法是無常的內容故，無常是真如的本有性質，故能顯現諸法差別相。因為真如是常中的無常，不能靜止故，差別即平等，平等即差別，所以真如與諸法異名同義。

若只看其一邊就不同義了。若有差異，即有二物。經中所云：「色即是

空，空即是色」就不能成立，因為同物故，色可空，空可色，若不如是，物不能滅，滅中不能生有，有中無相是一物之表裏觀念。

所以禪的立場，不必去滅有相覓無相，二物齊觀，其能觀亦是有相，還是妄心相分，能觀雖曰智，亦不要立，故云中道不立，當體直覺即成了。

這直覺曰：實相無相，是諸法差別相。諸法差別是無常的功德，無常是常，常即佛，佛法遍滿虛空，無處不是，故云諸法差別，是佛無邊功德也。

古德云：「無一物中無盡藏，有花有月有樓台」，萬物當體即是佛性當體，亦是佛性之功德，故功德平等，應萬物之所需而供應無缺。

所需各異，故有差別，有差別故世間成立，差別故美麗無比。悟了的人看來成為淨土，迷了的人看來成為苦海，這即是差別即平等的內容。

差別與平等者，比喻人類有賢愚種族，人類平等，官是官，民是民，平等中有差別，不能民為官。

大地山河草木，高低形色各別，故交織成美麗，立地平等，若不如是，世間成為清一色，豈能分別。

美由醜顯，醜由美成，醜是美之配角，亦是美之恩人。

人在修養中，顯出高尚，如石玉同盤，玉才能露出光芒價值，世間雖有惡人，惡人是創造善人的原物，人類是實相，善惡美醜是差別相，若去了差別就沒有平等了。

其差別與平等之區分，是人之妄心所使，只看差別不看平等，即成妄偽，不算真實功德，因為將本有功德，加以變相分散故，成為迷著的凡夫了。一切諸法，皆是佛的無邊功德所形成，聖人用之利人百倍，凡夫用之反戮其身。

世間萬物，皆有差別才能成一件東西，各有他的用途。希遷禪師云：「萬物自有功，常言與用處」。

如每一件器具，都有長短互逗始成，如人身體各部份職位，見來尊卑各別，眉在上眼在下，鼻在中耳在邊，口在口位，肛在肛位。

但是一身全體看來都是一身的內容，待遇平等，不得棄彼留此，而依其地位職務不得亂，不能由鼻吃飯，由口視聽，吻手而不吻腳，萬事皆擇其善而從，其不善而改，亦是平等中的差別，這才是道理。

如人顯各各相貌不同，汝父是汝父，我父是我父，否則不能認識，不可汝父當我父，我父當汝父，汝妻當我妻，天下大亂。

宇宙真理微妙，真是功德無邊，其差別中不得忽視平等，否即自他不能生存，在平等的因緣中，互相供應，成為社會國家，小至家庭自身，皆是平等故能生存。

平等是佛法，差別是世間法，二法即一法，都是佛法的內容，故云佛法在世間，不離世間覺，離世求菩提猶如覓兔角，萬法豈能離此麼？

因緣而聚，因緣而散，相無自性，隨類現形，聚散之力，如來秘密，微妙難測，唯觀體得。

諸法之存在為有者，即是因緣合而有，其無者即是因緣離故無。

相狀之存在力，雖然是假因緣，可是其中有一種微妙力量。如社會國家的因緣法中有道德、法律、思想為微妙力；家庭夫婦父子親族，皆是感情的隱力；物質的構合，如水泥，雖多種物質合成，其中有一種微妙粘力。這是諸法皆是宇宙中的秘密。

吾人見一切的相狀，只看到因緣法，還未看到深處的妙力，如用白紙、筆墨，由人思想，考案繪圖，顯出相狀，付諸於火變成灰燼。

人皆知此生滅因緣離散原則，卻不知其中，有秘密的力量在作用。

這種妙力，就是無常力，物雖成了相，還是不斷在無常，暫顯而已，若

加之以力量，即捉其無常活動激烈，隨其力量大小生滅不定。

道德政治思想良好堅固，即國家社會安寧，人之思想純正即身體健康長壽；起了嗔怒心，無明即向妄心方面而激動，鼓其無常力加速，身體隨之起了變化，促使短命。

古德云：「一起無明火，焚燒功德林」，這種妙力，如電，人皆不能見。所以相是業力本身的表現，業力無常故，相不能久性，故曰無自性。

比喻火焰有相，可是時時代謝成為相狀，加以旋轉即成火輪相，火輪前後相續而成，其力即是人手，火雖燃料

所化，燃料自身不變火，其中有因，
乃是妙力。

又如建築，以材料多種，相緣成屋，
其中有水泥粘力故能吸住，其各材料
本身，亦有妙力吸住，方成一物，若
將其中妙力加以激增無常力，即剎那
可以破壞，否則其妙力持久而已，終
亦自壞。

世間一切所有諸法，以至微塵，皆是
妙力的聚散，顯其相的有無，隨其因
緣類別，所顯不同。

吾們能見其諸法，有無之相，亦是吾
們的六根、外境、由自心妙力吸住所
顯。

不論萬物，或吾人心所法，皆是宇宙的微妙力，這種力量永存、不能滅，只是吾們肉眼看不到。

假若可以滅掉，萬物不能發生造化、人類無存、有何益處。

故古德云：「善養浩然之氣」，創造自他利益，不可以假造炸彈，加以增長無常力，破壞世間。又這種神秘力，人類只可在物質上攝此，如色料等，不能從空取，如鮮花不能人造，人造者皆是死物，自然創造物亦不能抗制其不滅。花本身皆不知其中妙力，自然開花有色，用了儀器找其木中色素不可得，豈不是如來秘密呢？

但是禪的直覺，或進入甚深禪定中，可以觀之體得，無言可說故。釋迦拈花，維摩杜口，須菩提無說，釋梵無聽，皆是唯觀體得之所以者也。

這觀的直覺性，《維摩經》云：「我觀如來無始無終，六入已過，三界已出，不在方，不離方，非有為，非無為，不可以識識，不可以智知，無言無說，心行處滅，以此觀者，乃名正觀，以他觀者，非見佛也」。

《放光》云：「佛如虛空，無去無來，應緣而現，無有方所」。

又永嘉大師云：「有人問我解何宗，報道摩訶般若力」。即是智的直覺，如來秘密，微妙難測，非凡夫之妄心可以擬議猜測，所能知者，思之可以了解。

叁、禪的宗教觀與自治觀

應轉無明，不滅無明。
無明為絕對力，方成大機大用。

無明是無常動力，心的發端，是一種盲目的意志。

經中有說：眾生以無明為父，貪愛為母，互為因緣出生世間。

無明緣貪愛故成迷，吾人的本有無明與佛性同參，亦即是佛性的動力，是佛性本有功德。

迷即無明緣惡而行，苦海無邊，悟即無明緣善而行，成無邊功德。

無明所向雲泥之差，其體不二，是一體之兩面觀，故云苦海無邊，回頭是岸。

永嘉大師云：「無明實性即佛性」，若果沒有無明，即不能緣善知識去聽佛法，終不能了生死，不去聽佛法的心理，即是無明向惡方面走的，佛是宇宙大道理之別稱，自己是宇宙道理所成，不信佛即等於不信自己，不要佛即是不要自己，世間這種人物，如子不認父，但是浪子回頭金不換，流水不歸入苦海。

人有信仰之自由，無明是一物，可以轉向，無明是轉向之中樞，不可滅，若可滅，本性沒有動力，不能發生萬物，無明如利刀，用以殺人成為殺人

刀，用以工作成為工具，刀不可棄，
棄之無刀可用。

《心經》云：「無無明，亦無無明盡，
乃至無老死，亦無老死盡」。

上句之無無明，是指無有妄心方面的
衝動而言，無明是自然力故，所以亦
沒有可將無明滅盡，若轉向善的方面
來，豈有妄心的無明可盡呢？老死之
見是凡見，老死乃是無常之內容，若
了解這箇道理，即無老死可言，豈有
老死可盡，因為無常永在故，老死永
在，無常不能滅盡故，老死亦沒有滅
盡的餘地，其現象即實在，非人力所
能為。古德翻經含義甚深，不可只見
妄念一面，忽視了反面的真念。

若是妄念實有其物，妄念不能滅，妄是因緣法無自性，自性本空故，真念一立，妄念無蹤。

如人做了賊成為罪人，作了善成為好人，其人是一，由無明心動，趣向各別，所現之相有異，人能懺悔改惡遷善，全仗覺力所轉，故曰應轉無明，不滅無明。罪性本空，皆由心造，犯罪自首，既往不究，轉向於救濟，全力以赴，功德無限。

這種力沒有二物，是宇宙自然力，故云絕對力，非人工所創造，吾人日用而不知用途而已。知者擇其善而從，其不善而改，用時全體起用，單槍匹馬，不用時即攝用歸體，即成大機大用了。

若無覺力分別，去轉無明，即不斷如猴攀枝，野馬奔馳，無法控制，起了煩惱。故教人習禪，禪是思惟修的別名，用覺照力，去思惟觀察無明的狀態，見到了無明的起處，即是見性，若不如此，將知覺亦滅絕，即等於打了麻醉劑，豈可稱謂覺者，人類之成佛，是成這箇心佛，不可誤認，差之毫厘失之千里。

若認為成了佛，就是一無知覺的狀態，見空而不見有，那麼試想？釋迦如來成道之後，豈能談經說法五十年呢？

斯乃般若之功用，妙在於觀照之力。以至無知為真知，否則失大圓之功。

結上段之所論，覺力是般若，般若是智慧，即是將無明的妄心，能回光反照之覺力，覺力就是功用，功用是保任其覺力觀照。

智是觀的內涵，將妄念轉回於原處，慧即是智的功用，轉向善的活動即是慧。

智如火，慧如光，有智無慧，即同死火無光，智為寂，慧為照，智是自覺，慧是覺他，智慧雙運，自覺覺他，做到徹底，即是覺行圓滿。

人人有這箇般若，若能即時悟之為頓悟，頓悟即施行救濟，無不圓融。

永嘉大師云：「頓覺了如來禪，六度萬行體中圓」，這種觀照般若，在日常生活中應用，即是生活禪的內容，亦即是最上一乘如來清淨禪。

若只修智，即成枯寂智，成為小乘。若只有慧無智，即同世上尋常的善人而已，因為本覺智化為慧的知識，不能攝用歸體，有臣而無君，不能統御萬物。

凡夫只見世事，不知性命的內容，二乘只知收攝，不知施展。

釋迦如來覩明星而悟道，即是見了自性智的內容，三七日中思惟宇宙萬物之造化，即是發慧的所在。其內容即是《華嚴經》。

杜順和尚作了華嚴法界觀，即為大乘佛教之所崇。《心經》云：「觀自在菩薩，行深般若波羅密多時，照見五蘊皆空，度一切苦厄」。

「觀」是能觀之智，「自」是自性，「在」是常在，「菩薩」是能覺悟觀照的人，「行」是觀行，「深」是深細，「般若」即收放之覺力的空慧，「波羅密多」即是將無明的妄心度回自性本源，或苦轉為樂，「時」即是那箇時候，「照見」即是覺觀，「五蘊」是妄心，「皆空」是一無所存，就是五蘊妄念皆化為自性本體，「度一切苦厄」，就是沒有妄心可擾，苦惱化為烏有。

不但自己的苦厄可度外，慧光向外伸展，還可度他人苦惱。真的若能智慧

雙運救世，即世間娑婆化為淨土，火坑成為蓮池。

這種般若功用，不是妄心，是自主之心，如將帥在中，兵隊在週，有事即發令，安邦治國，無事默守，兵不可亂。

人無般若之君，六神無主，身心不安，如賊侵入，國家有危，民不聊生，吾人有此般若，無不自在。

般若本身如明鏡，不能被虛偽妄境所迷，如明官不被財勢所拘，明鏡高懸，條理皂白分明，依理辦事真偽自白，故曰真知，不是妄知，沒有妄知，曰無知。

古德云：「般若無知是為真知」。

若不如此即顧前不顧後，看上不看下，如人放眼一看，各物齊顯，若只注看一物，其他就紊亂不清了。這樣一來豈可稱為大圓鏡，含攝萬象的名號呢？

凡夫只見自己一面，不顧他人死活。聖心一視同仁，這種狀態曰無分別智。

能含照諸法一物不毀，故曰大圓鏡智。一切應酬施為不分階級，故曰平等性智。鑑別是非絲毫不紊，曰妙觀察智。活動救濟工作，曰成所作智。

應用即用,不用即收,心不隨妄逐流。《維摩經》云:「從有攀緣則為病本,斷攀緣以無所得」。

其攝持之功曰理,其抉擇之能曰智,理智不二,收放雖分只是一心般若之內容,要做到無知為真知,應物施功,否則即失去大圓鏡之功了。

《放光》云:「般若無所有相,無生滅相」,《道行》云:「般若無所知,無所見,即是實有離相之知,亡知之照,因為聖心無知,故無所知,不知之知為一切知,聖智之用未始暫廢,求之形相,未暫可得,不動等覺而建立萬法」,般若是一種靈知,清淨如虛空,無一物可染,無知無見,無作無緣,是則知自無知為真知。不是只知性空

就是正確，否則煩惱亦性空，可以般若同稱，一切貪嗔痴亦性空，作之何畏呢？

作惡豈是善，善惡無自性，其心是一，所向雲泥之差，守其一而抉擇是非方為般若。

妄想煩惱是知，不是無知，無知乃是無惑取之知，辨相不為無，通鑑不為有，是無妄知之相，無心照物，非有知可取，俗情之牽累，都不在心，故曰無知，非無真知之謂。

苦無真知，即成豁達空，撥無因果了。見相不著相，聞聽不著聲，施救濟而無施者相，亦無施物相，亦無所施相，三輪體空，如親育子，如天

降雨，如日曬天，天地普照，去來心相，渺絕朕兆，如鏡照影不留跡，如光照物不染色，如絃直而張，彈之即響，不彈不響，音律自分，自心無取捨，而是非有取捨，取捨乃是般若之明鑑也。

不取即是鑑不留相也。所以聖人不異於人，而異於人者，有般若之常存，故貴於天下者也。

人皆能成聖，其妙唯在觀照之力。

古德云：「明鏡含萬象，脫卻塵埃屋裏夢」。

迷悟之差，懸崖勒馬回頭，殞身絕路能甦，豈可不知此理，墮坑自殺耶？若能返妄歸真，要時時保任綿密以防失足。

智存體現，立地皆真，
知生理喪，親而不近。

智是直覺義，直覺是一念當在，心的橫枝未萌之謂。

吾人若如雷灌耳的一剎那間，萬籟俱寂，只有知覺見聞，黃紅青白，歷然一物不毀，物是物，色是色，聲是聲，但是自心未去分別，這種境界端的，覺性明朗曰智，若能保任這境界曰存。

諸法由真知自性所顯，故當體即是真，不必滅後方稱真。有形無形一味故曰體現，其當體即是真理。

因吾人心遊妄境，不知其當體即是真理而只知有物。

有些人只求空，不知色即是空，亦不知空即是色，撥色覓空，避開現象，二種皆不是適當的見解。

色空是真如自性的內容，只在妄心未生的當處，現前無一物才是真實，知之者立地皆真，何必多擾精神，若生心去摸索，智即變為知了。

知若成，當體的真理變為意識，就騎牛覓不得牛了。智是真理的透視，知

是現象的淺見，如金作成器，智者見金不見器，知者見器不見金，若能透視真理，器器即金，不能透視，金全體變器。所以智存體現，知生理喪，知即只見假相，不見內容，雖然自己是佛，離佛遠矣，故云親而不近。《莊子》外篇寓言云：「知（妄心）北（極）遊（至）於元水（自性清淨）之上，登隱弅（妄念隱沒）之丘（相狀），而適遭（直當）无為（真理）謂焉（欲驗）。知謂无為謂曰（審之）：予欲有問乎！若（審其真理）何思何慮（如何思議，如何考慮），則知道（則知真理）；何處何服（如何去覓，如何學習）則安道（則可體得）；何從何道（如何順之，如何言之），則得道（則證得）。三問而无為謂不答也（久都不見其相狀），非不答（不是不相狀），不知答也（不

知從何說起），知不得問（妄心不得見），反於白水之南（反到清淨心與妄心的交界），登孤閡之丘（一念將欲生的狀態），而覿狂屈焉（見妄心將生）！知以之言也（審之）。問乎狂屈（審察此心），狂屈曰（妄心即欲起）唉（擬議）！將語、若（擬議的剎那心相）中欲言（其中間），而忘其所欲言（妄心又沉），知不得問（其時驗不得），反於帝宮（出定），見黃帝（見現在心）而問焉（思議之）。

黃帝曰：（現在心乃肯定之）无思无慮始知道，无處无服始安道，无從无道始得道。知問黃帝曰，我與若（現在妄心）知之，彼與彼不知也。其孰是耶。黃帝曰，彼无為謂真是也，狂屈似之（似是而非），我與汝終始不近

也。夫知者不言，言者不知，故聖人行不言之教。道不可致（造作），德不可至（功能可用到），仁可為也（心可覺），義可虧也（正業可行）；禮相偽也（妄心造作成巧偽）。故曰，失道（真理變）而後德（變為功能），失德而後仁（功能變為心），失仁而後義（心變為行為），失義而後禮（行為變成巧偽），禮者道之華（巧偽心是本性之變相），而亂之首也（巧偽心即真理失）。

道如根，德如幹，仁如枝，義如葉，禮如華，華美生香，蜂蝶亂踐，如人淫亂不能生子，並亂風俗一樣。

吾人以為聰明就是賢能，由真理看來，其實不是智，以自己的意見為正見，找人是非，惹來殺身之禍。

古人云：人怕出名，豬怕肥，蟻食蜜自溺，蛾好光而投火自焚，花草不香，結子猶多，香蘭雖芳，結實甚少，是叫吾人不可逞聰明，施巧偽而已。

有智之人，能反璞歸真，禮讓自謙，不誇才能，心似行雲流水，隨曲轉彎，隨遇而安，時在覺照，當體現成，到處無不是大光明境界，為人不容虛偽，強辯真假，不知為知，知終親而不近也。

永嘉大師云：「捨妄心取真理，取捨之心成巧偽」。《悟道詩》云：「斷除煩惱重增病，趣向真如亦是邪」。永嘉大師又云：「覓即知君不可見」，即是說，不可用知去覓道，若妄心一起，便成不真了。《悟道詩》又云：「一念不生全體現，六根纔動被雲遮」。所有經教各宗各派，目的相同。

有人擬以為宗教不同，其目的亦異，這是一種錯誤的見解，方便有多門，歸原無二路。

禪中有密，密中有禪。真言行人若不悟實相，證入一真境界，所念真言亦成妄言；禪宗行人若入一真境界，開口發聲亦成真言；真言行人證悟實相即成為禪；禪宗行人證入一真，即當

體現成，即成真言所倡即身成佛；真言行人證入禪心，即成為禪之所宗，即心成佛；淨土行人念佛，其念即佛，佛即心念佛，即念即佛，禪宗行人念心，亦是念佛，不念之念，當念自成。當相即道，佛一代言教豈有差別也。

任聰明失真常，守希夷即失智用。
鼻舌意身，亦復如是。

耳聽曰聰，眼見曰明，聰明是後天的意識。若用後天意識，去覓實相，雖然當體是真理的幻現，但是已經變相了。

古德云:「實相真如之日月,常住拂開無明雲,一念生知本來擾,元無心宇宙為主」。實相是妄念未生的直覺心,要常住覺心去拂開妄念,若妄念一起,即是知,知起本來自性就攪動,須以元始狀態,去應萬物,以時空一體觀。

如舟無心人為主,隨意任運,舟如人之身根,人喻宇宙真心,宇宙真心自性,即我們之主人翁也,若不如此,即失去真常之道了。

這種境界不是無知覺,是如明鏡照萬物的狀態,若果無一知覺,即成廢物了。

老子云：「視之不見曰夷，聽之不聞曰希，搏之不得曰微，三者不可致詰」，是一種微妙的境界。

即是聽之若無聞，視之若無見，是不生心去住著之謂，不是孔子所云：「非禮勿視，非禮勿聽」之謂。

禪的生活不是像初學的控制手段，如人在家中，心在外有何益處呢？要做到身心一如，這種境界曰證悟，普照禪師云：「若不先悟後修，如石壓草，石去草還生」，修乃是保住悟境之純熟過程。永嘉大師云：「喚取機關木人問，求佛施功早晚成」，即是不可滅絕知覺的啟示。

人類之神經特別靈敏，故苦惱更多，苦多菩提亦多，煩惱與菩提是一物的兩面，若煩惱妄心轉向救濟心，即成智用，若將知覺亦滅絕，即失去智用了。修道若如此，即沒有救世者出現，世間豈不成牢獄了。所謂聖人，不是一無知覺的木偶。其運用不但眼耳如此，其他鼻舌身意皆如此，不可滅絕。

人為三才之一，可運用宇宙理則，創造人間淨土，天無言，地無語，它只是守其信而運行不息，造化萬物，應萬物所需，人類有智，可以探其秘密，如取藥治病。病是因緣法無自性，故能治。天地理則有信有軌，如火車，應停應行，不能由乘客支配，不管軌道上有人無人，人若不知規

律，越入其道即被輾死，知者可以搭乘代步，迅速舒適無限，宇宙常理不可滅，人之智亦不可絕也。所以知不可有，智不可無，聖凡差別如此。

若童真直覺，入遊戲三昧，返老還童之術如此，身外覓佛了不可得。

「若」者似是而非之意，童真是無邪氣的直覺性，童真孩子心雖無邪偽，但是缺乏鑑別是非，要笑就笑，要哭就哭，啼笑皆非，黃葉可以止兒啼，臨淵不懼，是一種愚痴的心理狀態，故云愚童無畏心。

其生活只知食與戲、食已非戲則睡，慾心未萌，煩惱未發，有點似乎聖，故云童真聖潔。

聖人若與兒童無異，即不能施惠眾生，而體天之道，行天之德了。聖人確實與兒童相似而不同，修禪行人亦是一樣，其直覺性真，如雲在青天，如水在瓶，目橫鼻直，不能倒置，鷺立雪中，冰盛銀碗，明白不混。

見了花，入花鬘三摩地，見了戲，入嬉戲三摩地，見了舞，入舞蹈三摩地，聽了歌，入歌詠三摩地，到處作主，皆以自內證觀。

非不見不聞，亦非不可見不可聞，一切見聞皆是禪觀功夫，借境練心，以直覺為主體，諸法為侶，亦視為自性功能而已。

永嘉大師云：「不見一法即如來，方得名為觀自在」，不見一法即是不執著之意，不執著一法就是守自性常存。若不如是，怎能自在呢？自在即是覺性常在，自己作主之謂。

有人以為禪是不可見不可聞，若果如此，六根不具不能見聞的殘具癈疾的人，皆成為禪的行者了，有什麼禪之為禪的特色？只是要有覺力，隨遇而安，不被境界感情所迷，反璞歸真，如將老成的妄習返成童真一樣，無始劫以來之妄心，返到直覺的真心，所謂返老還童，其妙術如此。吾人身心一切功德具足，覓佛就是覓心，心是我的內容，全身是佛，離了自己覓佛，了不可得也。

這箇直覺，即是諸法當體即真如，直覺自心即佛，不可分離，若只覺自己是自己，即變成小我了，要知自己與萬物是一中之多，不是混合為一之謂，一是總和之名稱，多是其中的內容。

禪的立場看來，一花一世界，一物還是很多的總相，如百千燈，光光相涉，成為一大光聚，電源是一，燈是別，光又大，互為因緣相涉無礙。

有此觀念，才能同心合力，共謀生存，成為同體大悲心。

如國家是由很多家庭集合而成，國家如本性是一，家庭喻諸法是多，家庭與國家是無法分離而存在，有此知

見，才能有堅實的國家觀念，有這觀念即如見佛，見佛即大同，生活自在無憂，到處行救濟，成為禪的遊戲三昧。自古聖賢的日常生活，皆寄在遊戲三昧中，一般有私見的人，視之以為是狂人，這是不知道聖心的內容的淺見。

釋迦生於皇宮，生活無憂，身為一國之尊，他偏偏越城入山修行，而不覺苦，後來到處救度眾生，與四姓平等生活不想自己享受。

大禹治水，辛苦九載，三年過門不入家，豈是狂人？莊子之幽默，鼓盆為樂；老子騎牛而不騎馬；濟公長老，不穿褲子，在皇后面前翻觔斗；金山活佛，將屁股任人攝照，豈謂天下大

怪人？其中意義幽玄，乃是入了遊戲三昧三摩地的生活境界，他們已覓到了自心佛故。

古德云：「佛在靈山莫遠求，靈山只在汝心頭，人人有箇靈山塔，好向靈山塔下修」。

遊戲三昧一事要知道，在這人心不古的潮流中，不得裝模作樣，顯異惑眾，反成罪人，聖人是理智的三摩地，否則失去覺性，覺性失，身外覓佛了不可得也。

肆、禪的輪迴觀與解脫觀

水不擾自澄，道不修自證，
撥波覓水，徒勞何益。
魔佛一如，無非一心。

水喻本性自心，妄心為緣，喻擾真性
之水，性水本來湛然清淨。

心生抗制妄想，如手擾水，欲令其
靜，反成波浪，緣慮之心若無，自性
真心如水自然澄清。

水雖流動，到平地處終自歸澄清靜止
住；水之流動，高下為緣所擾故，若
無他擾豈能流動，若有流動終有靜止
之時。

道是諸法本性，吾人身心亦復如是，雖在不斷無常，但是其內容有動與靜，動了還靜，心若不去緣，就無妄心，若不知這箇道理，擬用手段去抑制，當體之心性，即變成壓制的妄心，因為不知當體即真，要取靜捨動，即成巧偽了。

鎮壓的妄心是真心之反面，當體不移。

古德云：「萬物靜觀皆自得，四時佳興與人同」。其靜觀乃是《維摩》所云：「不盡有為，不住無為」，皆是吾人能靜觀與否來決定！若知水即是波，波即是水，當體透視即行了。

妄心起時即覺，其妄心即變成覺，不必再用手段去控制，起了控制心，其

覺心又變成妄心，如撥波覓水，水反成波，徒費精神，有何益處。

修習禪觀，有人用了很多手段，即是不知道理的盲修瞎練，所以永嘉大師《證道歌》云：「捨妄心取真理，取捨之心成巧偽」又云：「摩尼珠人不識，如來藏裡親收得」，如來藏即是自心，很多人只云此身是箇臭皮囊，討厭此身去另覓什麼道，捨去肉身為脫凡胎，去另一箇世外神仙洞府，或只知有物，不知其物當體即是無相的自性所幻，或執著其物實有，恐怕死滅，而擬修成不老長生，都是不正確的觀念。

又很多人知道這箇道理，卻是執著身相的觀念，一點都捨不得，又如男女

間的戀慕，毀滅生命願去自殺，只對情愛捨不得，這是最難證入的關頭。這箇透不過，不算是透過生死關。

身物雖有，卻不斷地代謝。妄心似有卻是無自性，道理雖知，證卻不得，這種心理現象，身為鼎鼎佛學大家都不免如此，不算證也。

明知滅卻心頭火亦涼，卻一點都滅不掉，這才怪呢？真是學道者如牛毛，成道者如麟角，不但身見，名利還是滅不掉，有人似乎無罣礙，其實很罣礙，忍辱是好的，但是忍辱不算解脫，是一種苦具。

或有一心爭求解脫、不知解脫是當體放下而已，而不接人事亦是執著，等

於撥波覓水，非執理就是執事，諸法在心不能解化，都是妄心之不同相，應事來如水成波不去擾，即自化，這是見怪不怪，其怪自滅，唯見其變，終歸不變，妄心自息了。

息字是自心之合字，不見自心之相，故心不息也。心執即是怪相，怪是魔鬼，怪滅魔殞，是心相故，云心滅，真心顯，其心即佛，魔變為佛；妄心起，佛變魔。魔佛一如，都是一心的內容。

《首楞嚴三昧經》云：「魔界即佛界，魔界如，即佛界如，不二不別」。

《維摩經》云：「一切眾生如也，一切法皆如也，夫如者不二不異」。諸法

皆是一心，覺之當相即道，禪皆在心字上立腳，不是他求者也。

一真即涅槃。涅槃即解脱，
三種涅槃果，境界又不同，
根器有差別，證果有高下，
以實相無住，方稱為正傳。

一真即是宇宙諸法之本體，原來無名，無名假名曰涅槃，又名圓寂。

圓寂者：五住已亡、二死永斷。五住亡為圓，二死斷為寂，都是一心之別稱，一心是一真之同義異名，我心與宇宙心同物，宇宙一真自性，本來無染無縛，故曰解脱。

一真自性別名如來，《華嚴經》云：「如來不出世，亦無有涅槃」，諸法當體即是涅槃體，為三世諸佛之所證。

本體清淨充滿法界，故曰法身。其功以酬廣大之因，名曰報身。隨機利物，名曰化身。三身皆是一真的內容。亦是涅槃中物，亦是一心當體。法身是體，化身是用，有感即應，無感即隱，圓入一心，攝用歸體，名曰入滅，入滅即是涅槃，即一真心之動靜也。

此一真自性，五住煩惱不能擾，所以名曰圓，二死永斷故曰寂，起滅是其內容，本來當體寂滅常住。

一切諸法皆是其自相，故云一切眾生本來滅度，不應更滅。

涅槃在教相家分為四種：一自性涅槃，即是一真如自性，是法身故遍一切處，諸法之當體，不能增減，故云自性涅槃。二有餘涅槃，是三乘人所修的境界，妄想無明未盡，變易分段生死未了，證理未極，三種行人謂其證果，故曰有餘涅槃。三無餘涅槃，佛果已成，妄想已盡，真性已顯，體用合一，謂無上大涅槃，故曰無餘涅槃。四無住涅槃，是一切聖人，不住有為，亦不住無為，亦不住中道的觀念，染淨不二，真假合一，動靜一如，無住生心而應萬物，故曰無住涅槃。體用立義，境界差別，其實一心的內容。

行人證入涅槃，無法可著，如鳥出籠，無拘無束，故曰解脫。三種行人同證涅槃，如三鳥同出牢籠，去向高下不同，故其所感境界亦異，這是行人根器差別的關係，涅槃本體真空不二，皆是一心所感的內容而已，經云：「三獸渡河，深淺不同」，聖凡有別，同是涅槃體也。其中最勝者，即是證入實相無住的境界，方稱圓滿自在。

《首楞嚴三昧經》云：「諸法無縛，本解脫故，諸法無解，本無縛故」，因行人都是執事廢理，或執理廢事，即有解與縛的觀念。前面所論的，不遷即遷，遷即不遷之理，即謂所觀之法，涅槃即是所證之果，因人們迷執深重，事理不能圓融透視，故要觀修，修之涅槃不增，不修涅槃不減，

本來實相常住，修皆是證悟之方便手
段者也，有餘乃是尚未徹底的實證
者，證了無餘即入真如正位，凝然不
作一法，故成羅漢，有智無慧，慈心
不發，佛云焦芽敗種，灰心滅智，其
用就不是大機大用了。

有人誤會證入涅槃就是絕了身心知
覺，身心都滅盡之謂，又如化身如
來，圓寂雙林的現象即稱涅槃，或曰
無一物的頑空。

若果是這樣，大地成為死寂，所謂聖
人與道遊，是何所指？又有人以為一
切諸法是唯識所顯，如有鏡故有影，
若無鏡就無影，這是指人們之心法，
不是實相全體的內容。

諸法的認識是人心，人心滅，只是人心中之法滅，而世間萬物依然存在，唯識是自性之別稱，在人之唯識是人之認識妄心，在宇宙之唯識即是真心也。

吾人心妄，人我諸法殊分，相分差別起，若果心境一如，不緣妄分，當體現前即實相，實相是心無住的直覺境界。故曰實相無住，不是無一知覺。

實相是法身當體故，法身周流五道為眾生，迷故佛為眾生，悟即眾生成佛。

眾生妄認生死涅槃，實異名同義。有人疑問？眾生勤苦修行，成了佛還會周流五道為之眾生，是否悟後還迷，成佛還墮。不是！佛不出不入。

是無始以來妄認執著的觀念之識蘊業聚，在迷凡的苦樂輪迴單位，解化而已。

如有一公司為單位，妄為不善經營，債台高築，維持困難，一旦宣告瓦解，公司單位無存，所謂社員不滅，還在社會，其社員各各，就業其他組織。

單位如神教所謂靈魂，社員如宇宙無常真理。吾人肉身未殞，能夠改惡遷善，轉迷開悟，即等於公司雖然困難，改變經營債務清盡，更換行號，前途樂觀，其理相同。

所以佛不在西方，是在世間，無住而住，住而無住，應機赴感。習禪行

人，物來即應，隨機逗教，物過境遷，去而不留。

古德云：「心行處滅，言語道斷」。心應物施為而行，其處過了即滅，隨有言語教化說事，過後不再重緣，舊道斷流，心似鳥行空不留迹，鳥雖行空不留跡，卻知舊處與舊道。聖心不如此，是一種湛然自若，體合大道化育萬物之謂，所以聖人行不言之教，有教無類，無類不教。

修禪觀行的人，以當體諸法，為所修工具，即諸法成為自己的內容。因為諸法即是法身，吾人妄認自成有無觀念，生死法生，不知當體即道。

釋迦如來，昔在靈山會上，拈花示眾，欲宣此意，眾皆不知，獨有金色頭陀，破顏微笑，佛云：我（自性）有正法（真正道理）眼藏（心眼如鏡法無不藏攝），涅槃（諸法實相）妙心（直覺透視的心理狀態），實相無相（有無俱遣當相即道）微妙法門（甚深微細自內證之端的），不立文字（離名字相）教外（離言說相）別傳（唯證乃得）付囑（印證許可）於摩訶迦葉（金色頭陀其人）。

拈花是佛陀的手勢，引起大眾一心不亂去直覺注意，使妄念不生，當其時，境界歷然，佛乃是佛，花是花，眾是眾，境是境，一物不毀，這時候的直覺狀態，即是佛陀正要說的涅槃大道，可惜眾皆不識，獨有迦葉尊者

體得，故云傳佛心印，一直到今而法脈不斷。

自古以來，歷代祖師，仿了這箇手勢，各各獨創風格不同。如傅大士拍案，示梁帝悟端的；臨濟曹洞之棒喝；南泉之斬貓；龍潭吹燭，等等皆是要示斷截眾流這箇直覺境界，而直指人心見性成佛，以不立文字為祖師禪之特色，亦是要人人知道，涅槃當體之心境，這境界都是擬議即錯，動念即乖，故以無念為宗，唯論見性，不論坐禪，若不知此理，一生枯坐亦無用了。

本來自度，不假他力，
迷即繫六趣之石，墮入苦海之中，
悟即駕淨蓮之舟，超出塵泥之表。

上來所論，諸法皆是自性的內容，無一物能出其右，人類為萬物之靈長，故能轉迷成悟。

永嘉大師云：「我聞恰如飲甘露，銷融頓入不思議」，若是執迷人我見，以為靈魂不滅，其靈魂即是執著妄想的蘊聚，要有靈魂不滅，靈魂不是東西，乃是義，是人之道德規範，能使萬世留念之謂，若是恐怖靈魂失去存在，即等於要求輪迴無異。

所以迷執的人，身雖當體即道，心即佛與宇宙一體同在，亦是常趣苦海，六道升沉了。

經云：「不離煩惱而得涅槃」。寶女問經云：「不出魔界而入佛界」？妙道本來不出不在，只在人之妙悟，《金剛經》云：「如來說般若波羅蜜，即非般若波羅蜜，是名般若波羅蜜」。

本來自度，迷即不度，成為眾生。

佛是吾們的導師，他不是要假什麼機船來度，他所說的法就是船，吾人可乘此法船，轉迷成悟了生死。

不假他力，是自然力，吾人萬物皆是
自然絕對力的表現，若言他力，即同
神教，如人自己請他人代理呼吸；若
言自力，即成無因論，如人不取身外
空氣食物，極端的偏見均不適當，一
切皆是絕對力、絕對是佛力，所以人
之開悟，可以説是一種天啟。迷昧執
著就有苦樂，染淨生死，所有知覺，
皆執幻相之實有，故有六道之別，如
泛舟海中，由妄心成浪不息，常感苦
惱。

妙悟即視苦樂染淨生死，皆是一味，
心真無妄，對待齊觀，中道不立，入
不二法門，我與天地同體萬物同根，
入世而出世。六道苦樂是心理上的執
著觀念，本來自度，不必頭上安頭。

執著他力，即如請神代我贖命，求人代我吃飯，其愚無過於此。但是眾生業障深重，根器有殊，智慧亦有勝劣，德行有厚薄，雖是同處真如性海，境界殊別，迷者自己的妄心一點都不覺察，從錯就錯不知反省，繼續鼓動妄心，使性海起浪自沒！悟者真理明，妄心息，風和浪靜，可行舟，是非明白，如舟有南針，隨處作主，安穩自在，還能救度迷情，故云生死即涅槃，煩惱成菩提，如蓮根在泥，花出塵表。人間是凡聖同居土，禪的生活行人，住此世間，而出世間，永嘉大師云：「夢裡明明有六趣，覺後空空無大千」，《維摩經》云：「心淨國土淨」，妙悟的時候，人間無變，境界卻變了。佛悟道的時，眾生同時成佛，所見無非一真境界。

三界六道，乃是一種妄心所顯，如夢中事，非實有，世間萬物形相雖有，亦是幻化，何況唯識所見。人們執著財產、權勢、感情、得失、煩惱無盡，雖處蓮邦亦成牢獄。

六趣苦樂，人的心中有之，不必死後才有。

經云一物四相，由心而異，人見為水，天見琉璃，鬼成血河，魚作宮殿，依業各別，其境不可為無，其物不可為有。

眾生同處如來法身中，本來自度，迷悟善惡差別如此。

古德云：「莊周夢成蝶」，經中：「輪王變螞蟻」，皆是夢中事，其實絲毫不動其身。由大乘的生活禪的立場看來的話，身披袈裟，在廚房烤魚，亦可視為魚籃觀音，在寺中晒起魷魚，亦可見為剎幡。

心若善，大地化成淨土，心若惡雖處佛堂，亦成獄殿，莊嚴的佛像，亦化為閻王了。理雖如此，禪不是浪漫生活，當可思之。

般涅槃而入世，趣生死而永生，
放慈光拔濟群靈，廓然無聖而自聖。

妙悟實相即般涅槃，可是不離這箇世間，棄此求彼，厭生死求涅槃，均是執著，故云「離世覓菩提，恰如求

兔角」，《悟道詩》云：「隨順世緣無罣礙，涅槃生死等空華」，世間當體即是涅槃相，雖在生死中生活，皆是幻影生涯，當體自性亦不滅，故云永生。涅槃無名而強名，生死亦是假名，生死是自性的無常義故，若見實相無相，無所不相，差別即平等，生死即涅槃，即入世而般涅槃了。

聖人不見變易分段生死，生死乃是妄見，生死是自性本然而常理，無生死可棄，無涅槃可證。

迷故生死可怕，卻又偏偏作惡不畏，悟者生死不懼，卻不敢作惡，生死不懼即能獻身，施展救濟群靈，因為悟了眾生亦是我的一部份，眾生迷倒苦惱，視同家人有病，故不可不救，若

是只知自己，不知他人是我同胞，互為爭奪，或置之度外不救，豈不等於放棄家人，擬得而反失，這皆趨向極端之誤，樂極生悲，輾轉不停，事理圓融，如環無端，是一箇大我的內容。

悟了的人直認異物同體，所以發出同體大悲，興資救濟，只有這種體證，方稱徹底的善人，終日度生而無度生想，不知自己成聖，即謂廓然無聖，若有成聖的心理，即反成非聖了。

因為聖心無知，而無所不知，聖心同日月，平等普照，自他不二，大地眾生才能均沾法益。聖字是大眾所給予的尊稱，古時聖字是帝王之專門禮品，百姓不能用以給人，老實說，聖字亦不要。

老子云：「聖人出有大偽」：真正的聖人不自聖，凡夫為此聖字而爭奪，被聖字害死者不計其數，甚至不爭好事，用金錢勢力，競選賢能，這是虛偽莫大如此，真成魔鬼戴起上帝假面具，欺騙世人，這些人，何不自己捫心，看看為眾生做了幾多好事。

聖人不用妄心巧偽，廓然無聖，做了救濟，不必給人知道，是積極的救濟工作者，所以在廓然無聖的行為中，自然成為聖了。

其聖心言語道斷，心行處滅，生活心理如鏡，含攝萬象，不離諸法，當體直證，諸法無邊，功德無邊，菩提亦無邊。多攝在一，一中含多，一者所

謂，聖人戢玄機於未兆，多者所謂，藏冥運於即化，故云：總六合於鏡心，一去來以成體。

古今通，始終同，窮本極末，莫之以二，浩然大均，乃曰涅槃。涅槃本來，不可得，是假名。經云：「菩提非有得，非無得，非有無得，非離有無得，無所得故得，得無所得，眾生得而不得，至人無得而得。」菩提涅槃與世間同參故，直覺當體即是，人有妄心，涅槃變為生死相，所以息妄心之緣，當體不得自得，不可於成聖的觀念上，去作事應物，若稍有偽，取捨心起，聖即成凡，求聖而了不可得也。

與遮那同床，觀音為伴，顯大地山河身相，令松竹吹簫而説法，眼似日月，其迹猶龍。

遮那是遍一切義，象徵宇宙自性，是法身佛，曰摩訶毗盧遮那佛，是無量光明與無量壽命，自性擴大應酬萬物之因，即謂報佛身，乃是阿彌陀佛的同體異稱，觀音是表大悲心之謂。

悟了實相，自他不二，山河大地，皆是自性之表現，當然自己亦不能例外，而與萬物是不可須臾分離的，在一真的當體直覺上看來，山河大地皆是我身了。

此觀謂法界觀，松竹草木都是自己的技倆，其風吹發聲，即如令他説法一

樣。在禪的立場上，古德云：「柳染觀音微妙相，松吹説法度生聲，溪聲盡是廣長舌，山色無非清淨身」。

昔時石頭希遷禪師，讀了《寶藏論》，讀到：「至人空洞無相，而萬物無非我造，會萬物以成已者，其唯聖人乎」之句，拍案大悟，後作《參同契》，闡述參差（諸法）、同體（真如）、契合（一體）之宇宙人生真理。

其禪的生活中，顯出微妙，觀聽世間音聲自賞，六尺身軀，放成宇宙，在一呼一吸之間，將大地萬物，吞入吐出自如，放之即瀰六合，退之即藏於密，應機變化，鬼神莫測。

眼睛即同日月，諸法無不照，其出沒神秘，難窺其迹，如龍一樣，自由自在。

這境界的活動，獨步天下，乾坤一人，不但遮那同床，觀音為伴，是我的內容，自心變成越量宮，森羅萬象，互相涉入，古人所謂：「千江有水千江月，萬里無雲萬里天」，那時請問如來我是誰耶？無人無我，人我合一，所發之心即是同體大悲心，一切皆是大光明境界。一視同仁，天下為公。

一切平等世界大同，雞叫犬吠，萬有聲音，皆成一大交響樂，旋律微妙，盡皆法佛現身說法，這只是禪的生活行人知之，他人不可知，看來其人一

點不變，穿衣吃飯如常，但是吾人是苦惱的凡夫，他是樂而忘憂的人！

禪之所以為禪，獨貴乎天人師，
其禪之一字兮，早已虛名者也。

禪是佛教的生命主流，因為是諸法之本體，宇宙身心之總匯，若能體證其真理，作生活的準繩者，即謂得到大自由、大安心。

在凡夫位的生死妄認，了解到生死的內容，自己與諸法為一，在生死中得無生死，在禪的自證上沒有六道觀念，而處六道為禪的道場，自由往來，不被拘束。

大悲勝者，留惑潤生，常作苦海渡人舟，救度六道眾生的沉迷，所以人天共尊崇尚為師，因為天亦是人類的福報境界，地獄亦是人的惡報境界。其他四道都不能例外，是一種迷情的心理狀態所現。

禪的心理上看來，天堂地獄，沒有其物，只有境界而已。

一切唯心所現，要在肉體的存在中，做到禪的生活，否則六道果報難逃。

三世諸佛，歷代祖師，皆是由這禪的體悟而解脫，吾人現在的心不解脫，死後還是不能解脫。

心佛眾生三差無別,佛與眾生同參故,佛慈悲教人要修,同趣自由,自由是人類的專利品,其他雖有生活善惡自由,卻無腦筋去學禪的生活。

只是人天可教,所以禪者獨稱為天人師。由聞道而修禪,行住坐臥做到,智慧的收放自如,不是專指靜坐才是禪,工作時就不成禪,那就不算徹底的自由。

道理一旦了解,不可不做,若不是教相專家,於文字上遊心是沒法解脫的,於禪的自證考驗,亦是很重要的關頭,在喜怒哀樂,愛惡欲的場中,去磨練是最好的道場,只要直覺的要領不可忘失。禪本來無名,出口談禪,真是臭禪味,老早就沒有這箇名

詞，禪是箇假設虛名，沒有其物，所以那箇字亦不要！其直證如人飲水冷煖自知，不許吾人插嘴，擬議即錯，動念即乖，若擬開口，臨濟若在，口喝得走到不死國，曹洞二師一見，打得骨碎肉裂，我終不敢問，若問！會被達摩祖師，睜眼斜視瞪死！否則罰在街上，披枷帶鎖，可不慎也。在學習上只有：「覺妄絕緣不取捨，無住生心直覺行」，以外不管，保持綿密就是。

附　錄　一

悟光大阿闍梨略傳

附錄一
悟光大阿闍梨略傳

悟光上師又號全妙大師,俗姓鄭,台灣省高雄縣人,生於一九一八年十二月五日。生有異稟:臍帶纏頂如懸念珠;降誕不久即能促膝盤坐若入定狀,其與佛有緣,實慧根夙備者也。

師生於虔敬信仰之家庭。幼學時即聰慧過人,並精於美術工藝。及長,因學宮廟建築設計,繼而鑽研丹道經籍,飽覽道書經典數百卷;又習道家煉丹辟穀、養生靜坐之功。其後,遍歷各地,訪師問道,隨船遠至內地、南洋諸邦,行腳所次,雖習得仙宗秘術,然深覺不足以普化濟世,遂由道皈入佛門。

師初於一九五三年二月，剃度皈依，改習禪學，師力慕高遠，志切宏博，雖閱藏數載，遍訪禪師，尤以為未足。

其後專習藏密，閉關修持於大智山（高雄縣六龜鄉），持咒精進不已，澈悟金剛密教真言，感應良多，嘗感悟得飛蝶應集，瀰空蔽日。深體世事擾攘不安，災禍迭增無已，密教普化救世之時機將屆，遂發心廣宏佛法，以救度眾生。

師於閉關靜閱大正藏密教部之時，知有絕傳於中國（指唐武宗之滅佛）之真言宗，已流佈日本達千餘年，外人多不得傳。（因日人將之視若國寶珍秘，自詡歷來遭逢多次兵禍劫難，仍得屹立富強於世，端賴此法，故絕不

輕傳外人）。期間台灣頗多高士欲赴日習法，國外亦有慕道趨求者，皆不得其門或未獲其奧而中輟。師愧感國人未能得道傳法利國福民，而使此久已垂絕之珍秘密法流落異域，殊覺歉惋，故發心親往日本求法，欲得其傳承血脈而歸，遂於一九七一年六月東渡扶桑，逕往真言宗總本山 —— 高野山金剛峰寺。

此山自古即為女禁之地，直至明治維新時始行解禁，然該宗在日本尚屬貴族佛教，非該寺師傳弟子，概不經傳。故師上山求法多次，悉被拒於門外，然師誓願堅定，不得傳承，決不卻步，在此期間，備嘗艱苦，依然修持不輟，時現其琉璃身，受該寺黑目大師之讚賞，並由其協助，始得入寺

作旁聽生，因師植基深厚，未幾即准為正式弟子，入於本山門主中院流五十三世傳法宣雄和尚門下。學法期間，修習極其嚴厲，嘗於零下二十度之酷寒，一日修持達十八小時之久。不出一年，修畢一切儀軌，得授「傳法大阿闍梨灌頂」，遂為五十四世傳法人。綜計歷世以來，得此灌頂之外國僧人者，唯師一人矣。

師於一九七二年回台後，遂廣弘佛法，於台南、高雄等地設立道場，傳法佈教，頗收勸善濟世，教化人心之功效。師初習丹道養生，繼修佛門大乘禪密與金剛藏密，今又融入真言東密精髓，益見其佛養之深奧，獨幟一方。一九七八年，因師弘法有功，由大本山金剛峰寺之薦，經日本國家宗

教議員大會決議通過，加贈「大僧都」
一職，時於台南市舉行布達式，參與
人士有各界地方首長，教界耆老，弟
子等百餘人，儀式莊嚴崇隆，大眾傳
播均相報導。又於一九八三年，再加
贈「小僧正」，並賜披紫色衣。

師之為人平易近人，端方可敬，弘法
救度，不遺餘力，教法大有興盛之
勢。為千秋萬世億兆同胞之福祉，暨
匡正世道人心免於危亡之劫難，於高
雄縣內門鄉永興村興建真言宗大本
山根本道場，作為弘法基地及觀光
聖地。師於開山期間，為弘法利生亦
奔走各地，先後又於台北、香港二地
分別設立了「光明王寺台北分院」、
「光明王寺香港分院」。師自東瀛得法
以來，重興密法、創設道場、設立規
矩、著書立說、教育弟子等無不兼備。

師之承法直系真言宗中院流五十四世傳法。著有《上帝的選舉》、《禪的講話》等廿多部作品行世。佛教真言宗失傳於中國一千餘年後，大法重返吾國，此功此德，師之力也。

附 錄 二

悟 光 上 師
《一真法句淺說》手稿

附錄二　悟光上師《一真法句淺說》手稿

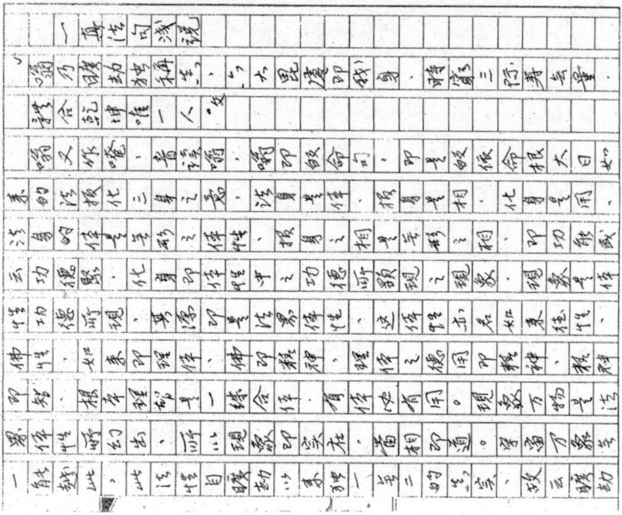

一真法句淺說

嗡乃曠劫獨稱尊，六大毘盧即我身，時窮三際壽無量，
體合乾坤唯一人。
嗡又作唵，音讀嗡，嗡即皈命句，即是皈依命根大日如
來的法報化三身之意，法身是體，報身是相，化身是用，
法身的體是無形之體性，報身之相是無形之相，即功能或
云功德聚，化身即體性中之功德所顯現之現象，現象是體
性功德所現，其源即是法界體性，這體性亦名如來德性，
佛性，如來即理體，佛即精神，理體之德用即精神，精神
即智，根本理智是一綜合體，有體必有用。現象萬物是法
界體性所幻出，所以現象即實在，當相即道。宇宙萬象無
一能越此，此法性自曠劫以來獨一無二的生存，故云曠劫

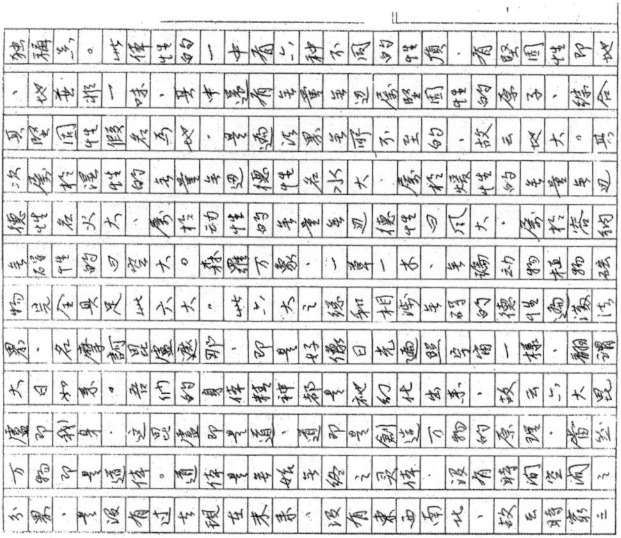

獨稱尊。此體性的一中有六種不同的性質，有堅固性即地
、地並非一味，其中還有無量無邊屬堅固性的原子，綜合
其堅固性假名為地，是遍法界無所不至的，故云地大。其
次屬於濕性的無量無邊德性名水大，屬於煖性的無量無邊
德性名火大，屬於動性的無量無邊德性曰風大，屬於容納
無礙性的曰空大。森羅萬象，一草一木，無論動物植物礦
物完全具足此六大。此六大之總和相涉無礙的德性遍滿法
界，名摩訶毘盧遮那，即是好像日光遍照宇宙一樣，翻謂
大日如來。吾們的身體精神都是祂幻化出來，故云六大毘
盧即我身，這毘盧即是道，道即是創造萬物的原理，當然
萬物即是道體。道體是無始無終之靈體，沒有時間空間之
分界，是沒有過去現在未來，沒有東西南北，故云時窮三

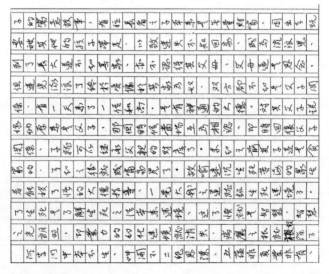

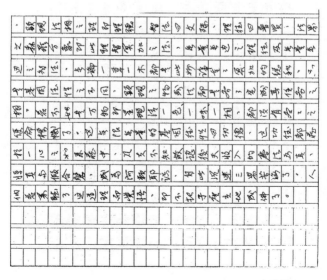

《一真法句淺說》悟光法師著

【全文】

嗡乃曠劫獨稱真，六大昆盧即我身，
時窮三際壽無量，體合乾坤唯一人。
虛空法界我獨步，森羅萬象造化根，
宇宙性命元靈祖，光被十方無故新。
隱顯莫測神最妙，璇轉日月貫古今，
貪瞋煩惱我密號，生殺威權我自興。
六道輪回戲三昧，三界匯納在一心，
魑魅魍魎邪精怪，妄為執著意生身。
喑啞蒙聾殘廢疾，病魔纏縛自迷因，
心生覺了生是佛，心佛未覺佛是生。
罪福本空無自性，原來性空無所憑，
我道一覺超生死，慧光朗照病除根。
阿字門中本不生，吽開不二絕思陳，
五蘊非真業非有，能所俱泯斷主賓。
了知三世一切佛，應觀法界性一真，
一念不生三三昧，我法二空佛印心。
菩薩金剛我眷屬，三緣無住起悲心，
天龍八部隨心所，神通變化攝鬼神。
無限色聲我實相，文賢加持重重身，
聽我法句認諦理，一轉彈指立歸真。

【釋義】

嗡乃曠劫獨稱真，六大毘盧即我身，
時窮三際壽無量，體合乾坤唯一人。

嗡又作唵，音讀嗡，嗡即皈命句，即
是皈依命根大日如來的法報化三身
之意，法身是體，報身是相，化身是
用，法身的體是無形之體性，報身之
相是無形之相，即功能或云功德聚，
化身即體性中之功德所顯現之現象，
現象是體性功德所現，其源即是法界
體性，這體性亦名如來德性、佛性，
如來即理體，佛即精神，理體之德用
即精神，精神即智，根本理智是一綜
合體，有體必有用。現象萬物是法界
體性所幻出，所以現象即實在，當相
即道。宇宙萬象無一能越此，此法性
自曠劫以來獨一無二的真實，故云曠

劫獨稱真。此體性的一中有六種不同的性質，有堅固性即地，地並非一味，其中還有無量無邊屬堅固性的原子，綜合其堅固性假名為地，是遍法界無所不至的，故云地大。其次屬於濕性的無量無邊德性名水大，屬於煖性的無量無邊德性名火大，屬於動性的無量無邊德性曰風大，屬於容納無礙性的曰空大。森羅萬象，一草一木，無論動物植物礦物完全具足此六大。此六大之總和相涉無礙的德性遍滿法界，名摩訶毘盧遮那，即是好像日光遍照宇宙一樣，翻謂大日如來。吾們的身體精神都是祂幻化出來，故云六大毘盧即我身，這毘盧即是道，道即是創造萬物的原理，當然萬物即是道體。道體是無始無終之靈體，沒有時間空間之分界，是沒有過去現

在未來，沒有東西南北，故云時窮三
際的無量壽命者，因祂是整個宇宙為
身，一切萬物的新陳代謝為命，永遠
在創造為祂的事業，祂是孤單的不死
人，祂以無量時空為身，沒有與第二
者同居，是個絕對孤單的老人，故曰
體合乾坤唯一人。

**虛空法界我獨步，森羅萬象造化根，
宇宙性命元靈祖，光被十方無故新。**
祂在這無量無邊的虛空中自由活動，
我是祂的大我法身位，祂容有無量無
邊的六大體性，祂有無量無邊的心王
心所，祂有無量無邊的萬象種子，祂
以蒔種，以各不同的種子與以滋潤，
普照光明，使其現象所濃縮之種性與
以展現成為不同的萬物，用祂擁有的
六大為其物體，用祂擁有的睿智精神

(生其物)令各不同的萬物自由生活，是祂的大慈大悲之力，祂是萬象的造化之根源，是宇宙性命的大元靈之祖，萬物生從何來？即從此來，死從何去？死即歸於彼處，祂的本身是光，萬物依此光而有，但此光是窮三際的無量壽光，這光常住而遍照十方，沒有新舊的差別。凡夫因執於時方，故有過去現在未來的三際，有東西南北上下的十方觀念，吾人若住於虛空中，即三際十方都沒有了。物質在新陳代謝中凡夫看來有新舊交替，這好像機械的水箱依其循環，進入來為新，排出去為舊，根本其水都沒有新舊可言。依代謝而有時空，有時空而有壽命長短的觀念，人們因有人法之執，故不能窺其全體，故迷於現象而常沉苦海無有出期。

**隱顯莫測神最妙，璇轉日月貫古今，
貪瞋煩惱我密號，生殺威權我自興。**

毘盧遮那法身如來的作業名羯磨力，
祂從其所有的種子注予生命力，使其
各類各各需要的成分發揮變成各具的
德性呈現各其本誓的形體及色彩、味
道，將其遺傳基因寓於種子之中，使
其繁衍子孫，這源動力還是元靈祖所
賜。故在一期一定的過程後而隱沒，
種子由代替前代而再出現，這種推動
力完全是大我靈體之羯磨力，凡夫看
來的確太神奇了、太微妙了。不但造
化萬物，連太空中的日月星宿亦是祂
的力量所支配而璇轉不休息，祂這樣
施與大慈悲心造宇宙萬象沒有代價，
真是父母心，吾們是祂的子孫，卻不
能荷負祂的使命施與大慈悲心，迷途
的眾生真是辜負祂老人家的本誓的

大不孝之罪。祂的大慈悲心是大貪，眾生負祂的本誓，祂會生氣，這是祂的大瞋，但眾生還在不知不覺的行為中，如有怨嘆，祂都不理而致之，還是賜我們眾生好好地生活著，這是祂的大癡，這貪瞋癡是祂的心理、祂本有的德性，本來具有的、是祂的密號。祂在創造中不斷地成就眾生的成熟。如菓子初生的時只有發育，不到成熟不能食，故未成熟的菓子是苦澀的，到了長大時必須使其成熟故應與以殺氣才能成熟，有生就應有殺，加了殺氣之後成熟了，菓子就掉下來，以世間看來是死，故有生必有死，這種生殺的權柄是祂獨有，萬物皆然，是祂自然興起的，故云生殺威權我自興。祂恐怕其創造落空，不斷地動祂的腦筋使其創造不空成就，這些都是

祂為眾生的煩惱。這煩惱還是祂老人家的本誓云密號，本有功德也。

六道輪回戲三昧，三界匯納在一心，魑魅魍魎邪精怪，妄為執著意生身。
大我體性的創造中有動物植物礦物，動物有人類，禽獸，水族，蟲類等具有感情性欲之類，植物乃草木具有繁衍子孫之類，礦物即礦物之類。其中人類的各種機能組織特別靈敏，感情愛欲思考經驗特別發達，故為萬物之靈長，原始時代大概相安無事的，到了文明發達就創了禮教，有了禮教擬將教化使其反璞歸真，創了教條束縛其不致出規守其本分，卻反造成越規了，這禮教包括一切之法律，法律並非道之造化法律，故百密一漏之處在所難免，有的法律是保護帝王萬世千

秋不被他人違背而設的，不一定對於人類自由思考有幫助，所以越嚴格越出規，所以古人設禮出有大偽，人類越文明越不守本分，欲望橫飛要衝出自由，自由是萬物之特權之性，因此犯了法律就成犯罪。罪是法沒有自性的，看所犯之輕重論處，或罰款或勞役或坐牢，期間屆滿就無罪了。但犯了公約之法律或逃出法網不被發現，其人必會悔而自責，誓不復犯，那麼此人的心意識就有洗滌潛意識的某程度，此人必定還會死後再生為人，若不知懺悔但心中還常感苦煩，死後一定墮地獄，若犯罪畏罪而逃不敢面對現實，心中恐懼怕人發現，這種心意識死後會墮於畜生道。若人欲望熾盛欲火衝冠，死後必定墮入餓鬼道。若人作善意欲求福報死後會生於天道，

人心是不定性的，所以在六道中出歿沒有了時，因為它是凡夫不悟真理才會感受苦境。苦樂感受是三界中事，若果修行悟了道之本體，與道合一入我我入，成為乾坤一人的境界，向下觀此大道即是虛出歿的現象，都是大我的三昧遊戲罷了，能感受所感受的三界都是心，不但三界，十界亦是心，故三界匯納在一心。魑魅魍魎邪精怪是山川木石等孕育天地之靈氣，然後受了動物之精液幻成，受了人之精液即能變為人形，受了猴之精液變猴，其他類推，這種怪物即是魔鬼，它不會因過失而懺悔，任意胡為，它的心是一種執著意識，以其意而幻形，此名意成身，幻形有三條件，一是幽質，二是念朔材質，三是物質，比如說我們要畫圖，在紙上先想所畫

之物，這是幽質，未動筆時紙上先有其形了，其次提起鉛筆繪個形起稿，此即念朔材質，次取來彩色塗上，就變成立體之相，幾可亂真了。

喑啞蒙聾殘廢疾，病魔纏縛自迷因，心生覺了生是佛，心佛未覺佛是生。
人們自出生時或出生了後，罹了喑啞、或眼盲、或耳聾或殘廢疾病，都與前生所作的心識有關，過去世做了令人憤怒而被打了咽喉、或眼目、或殘廢、或致了病入膏肓而死，自己還不能懺悔，心中常存怨恨，這種潛意識帶來轉生，其遺傳基因被其破壞，或在胎內或出生後會現其相。前生若能以般若來觀照五蘊皆空，即可洗滌前愆甚至解縛證道，眾生因不解宇宙真理，執著人法故此也。人們的造惡

業亦是心，心生執著而不自覺即迷沉苦海，若果了悟此心本來是佛性，心生迷境而能自覺了，心即回歸本來面目，那個時候迷的眾生就是佛了。這心就是佛，因眾生迷而不覺故佛亦變眾生，是迷悟之一念間，人們應該在心之起念間要反觀自照以免隨波著流。

罪福本空無自性，原來性空無所憑，我道一覺超生死，慧光朗照病除根。
罪是違背公約的代價，福是善行的人間代價，這都是人我之間的現象界之法，在佛性之中都沒有此物，六道輪迴之中的諸心所法是人生舞台的法，人們只迷於舞台之法，未透視演戲之人，戲是假的演員是真的，任你演什麼奸忠角色，對於演員本身是毫不相關的，現象無論怎麼演變，其本來佛

性是如如不動的，所以世間之罪福無自性，原來其性本空，沒有什麼法可憑依。戲劇中之盛衰生死貧富根本與佛性的演員都沒有一回事。《法華經》中的〈譬喻品〉有長者子的寓意故事，有位長者之子本來是無量財富，因出去玩耍被其他的孩子帶走，以致迷失不知回家，成為流浪兒，到了長大還不知其家，亦不認得其父母，父母還是思念，但迷兒流浪了終於受傭於其家為奴，雙方都不知是父子關係，有一天來了一位和尚，是有神通的大德，對其父子說你們原來是父子，那個時候當場互為相認，即時回復父子關係，子就可以繼承父親的財產了。未知之前其子還是貧窮的，了知之後就成富家兒了，故喻迷沉生死苦海的眾生若能被了悟的大德指導，一覺大

我之道就超生死迷境了。了生死是瞭解生死之法本來迷境,這了悟就是智慧,智慧之光朗照,即業力的幻化迷境就消失,病魔之根就根除了。

阿字門中本不生,吽開不二絕思陳,五蘊非真業非有,能所俱泯斷主賓。

阿字門即是涅盤體,是不生不滅的佛性本體,了知諸法自性本空沒有實體,眾生迷於人法,《金剛般若經》中説的四相,我相、人相、眾生相、壽者相,凡夫迷著以為實有,四相完全是戲論,佛陀教吾們要反觀內照,了知現象即實在,要將現象融入真理,我與道同在,我與法身佛入我我入成為不二的境界,這不二的境界是絕了思考的起沒,滅了言語念頭,靈明獨耀之境界,所有的五蘊是假的,這五

蘊堅固就是世間所云之靈魂，有這靈魂就要輪迴六趣了，有五蘊就有能思與所思的主賓關係，變成心所諸法而執著，能所主賓斷了，心如虛空，心如虛空故與道合一，即時回歸不生不滅的阿字門。不然的話，迷著於色聲香味觸之法而認為真，故生起貪愛、瞋恚、愚癡等眾蓋佛性，起了生死苦樂感受。諸法是戲論，佛性不是戲論，佛陀教吾們不可認賊為父。

了知三世一切佛，應觀法界性一真，一念不生三三昧，我法二空佛印心。
應該知道三世一切的覺者是怎樣成佛的。要了知一個端的應觀這法界森羅萬象是一真實的涅盤性所現，這是過去佛現在佛未來佛共同所修觀的方法，一念生萬法現，一念若不生

就是包括了無我、無相、無願三種三昧，這種三昧是心空，不是無知覺，是視之不見、聽之不聞的靈覺境界，此乃一真法性當體之狀態，我執法執俱空即是入我我入，佛心即我心，我心即佛心，達到這境界即入禪定，禪是體，定是心不起，二而一，眾生成佛。釋迦拈花迦葉微笑即此端的，因為迦葉等五百羅漢，均是不發大心的外道思想意識潛在，故開了方便手拈畢波羅花輾動，大眾均不知用意，但都啞然一念不生注視著，這端的當體即佛性本來面目，可惜錯過機會，只有迦葉微笑表示領悟，自此別開一門的無字法門禪宗，見了性後不能發大心都是獨善其身的自了漢。

菩薩金剛我眷屬，三緣無住起悲心，
天龍八部隨心所，神通變化攝鬼神。
羅漢在高山打蓋睡，菩薩落荒草，佛
在世間不離世間覺，羅漢入定不管世
事眾生宛如在高山睡覺，定力到極限
的時候就醒來，會起了念頭，就墮下
來了，菩薩是了悟眾生本質即佛德，
已知迷是苦海，覺悟即極樂，菩薩已
徹底了悟了，它就不怕生死，留惑潤
生，拯救沉沒海中的眾生，如人已知
水性了，入於水中會游泳，苦海變成
泳池，眾生是不知水性故會沉溺，菩
薩入於眾生群中，猶如一支好花入
於蔓草之中，鶴立雞群，一支獨秀。
佛世間、眾生世間、器世間，都是法
界體性所現，在世間覺悟道理了，就
是佛，所以佛在世間並無離開世間。

佛是世間眾生的覺悟者，菩薩為度眾生而開方便法門，但有頑固的眾生不受教訓，菩薩就起了忿怒相責罰，這就是金剛，這是大慈大悲的佛心所流露之心所，其體即佛，心王心所是佛之眷屬，這種大慈大悲的教化眾生之心所，是沒有能度所度及功勞的心，無住生心，歸納起來菩薩金剛都是大悲毘盧遮那之心。此心即佛心，要度天或鬼神就變化同其趣。如天要降雨露均沾法界眾生就變天龍，要守護法界眾生就變八部神將，都是大日如來心所所流出的。祂的神通變化是莫測的，不但能度的菩薩金剛，連鬼神之類亦是毘盧遮那普門之一德，普門之多的總和即總持，入了總持即普門之德具備，這總持即是心。

無限色聲我實相，文賢加持重重身，
聽我法句認諦理，一轉彈指立歸真。

心是宇宙心，心包太虛，太虛之中有
無量基因德性，無量基因德性即普
門，色即現前之法，聲即法相之語，
語即道之本體，有其聲必有其物，有
其物即有其色相，無限的基因德性，
顯現無限不同法相，能認識之本體即
佛性智德，顯現法相之理即理德，智
德曰文殊，理德曰普賢，法界之森羅
萬象即此理智冥加之德，無量無邊之
理德及無量無邊之智德，無論一草一
木都是此妙諦重重冥加的總和，只是
基因德性之不同，顯現之物或法都是
各各完成其任務之相。若不如是萬物
即呈現清一色、一味、一相，都沒有
各各之使命標幟了。這無限無量的基
因德性曰功德，這功德都藏於一心之

如來藏中，凡夫不知故認後天收入的塵法為真，將真與假合璧，成為阿賴耶識，自此沉迷三界苦海了，人們若果聽了這道理而覺悟，即不起於座立地成佛了。

一 完 一

生活禪

作者
大僧正
哲學博士 **釋悟光** 上師

編輯
玄覺

美術統籌
莫道文

美術設計
曾慶文

出版者
資本文化有限公司
地址：香港中環康樂廣場1號怡和大廈24樓2418室
電話：(852) 28507799
電郵：info@capital-culture.com
網址：www.capital-culture.com

鳴謝
宏天印刷有限公司
地址：香港柴灣利眾街40號富誠工業大廈A座15字樓A1, A2室
電話：(852) 2657 5266

出版日期
二〇一九年七月第一次印刷